稽古振今
傳本弘文

國家圖書館出版社
四十周年紀念

國家圖書館出版社 ◎編

国家图书馆出版社，一九七九年成立，曾用名书目文献出版社、北京图书馆出版社，是文化和旅游部主管、国家图书馆主办的中央级出版社，二〇一一年被新闻出版总署许选定列为「副部级出版社」，并被评于「全国百佳图书出版单位」「国家社科基金后期……目推荐……果报出版社奖」……

國家圖書館出版社

传承文明　服务学术

办社宗旨

始终以保护传承中华文明、弘扬中华优秀传统文化为己任，坚守信念，不忘初心，专心致力于专业出版、特色出版，打造品牌，服务学术。

国家图书馆出版社

四十周年纪念

书目文献出版社

1979 ~ 1996

北京圖書館出版社

1996 ~ 2008

國家圖書館出版社

2008 ~

馆长寄语

国家图书馆出版社
四十周年纪念

四十载初心未改　书山共筑赓续之脉
万里路矢志不渝　学海扬帆嘉惠士林

望国图书版社奋进新时代，再创新辉煌！

饶权

饶　权

国家图书馆馆长、党委副书记

国家古籍保护中心主任

国家典籍博物馆馆长

四十年与时代同行，精品图书服务业界学界。祝愿国图出版社新时代改革创新，再立新功。

魏大威

魏大威

国家图书馆党委书记、副馆长

文化和旅游部全国公共文化发展中心主任

半璧图书充册府

一楼鸿儒写春秋

祝贺国图出版社成立卅周年

张志清 敬题

张志清

国家图书馆副馆长兼国家古籍保护中心副主任

国图出版社四十年来出版成果丰硕，

为国家建设、行业发展和人才培养做出了

巨大贡献。可喜可贺！

在继承中与时代再创辉煌！

孙一钢

孙一钢

国家图书馆副馆长

传承文脉、服务学术，必特色出版
而独树一帜！祝愿国图出版社再上层楼
创佳绩！

陈樱

陈 樱

国家图书馆副馆长、党委副书记、纪委书记

寄语国家图书馆出版社成立四十周年

出版好书，出版精品图书，

面向未来，屹立世界出版之林。

汪东波

汪东波

国家图书馆副馆长

简　介

　　国家图书馆出版社，1979年成立，曾用名书目文献出版社、北京图书馆出版社，是文化和旅游部主管、国家图书馆主办的中央级出版社，2009年被新闻出版总署评估定级为一级出版社，并被授予"全国百佳图书出版单位"称号，2014年入选全国哲学社会科学规划办公室确定的"国家社科基金后期资助项目推荐申报出版机构"。

　　出版社现设有七个编辑室：古籍编辑室；民国文献编辑室（档案编辑室）；重大项目编辑室（中华再造善本编辑室）；图书馆学编辑室；综合编辑室（古籍普查目录编辑室）；志鉴编辑室（《中华传统文化百部经典》编辑室）；数字出版部。

　　另设有：办公室（党群办公室）；总编室（审读室）；事业发展部（资产部）；财务部；营销策划部；发行部；储运部。

　　建社四十年来，出版社以"传承文明、服务学术"为宗旨，形成了三大专业出版特色：一是整理影印古籍、民国时期文献等各种稀见历史文献；二是编辑出版图书馆学和信息资源管理科学著译作，出版各种书目索引等中文工具书；三是编辑出版中华传统文化普及推广读物和各种文史著作。出版了《中华再造善本》《永乐大典》《国家图书馆藏敦煌遗书》《著名图书馆藏稀见方志丛刊》《原国立北平图书馆甲库善本丛书》《古本戏曲丛刊（六、七、八集）》《民国文献资料丛编》《中国图书馆分类法》《图书馆学概论》《中华传统文化百部经典》《国学基本典籍丛刊》《全国古籍普查登记目录》《民国时期图书总目》等经典学术和专业出版物。多种图书荣获"国家图书奖""中国图书奖""中华优秀出版物奖""全

国优秀古籍图书奖”等奖项。近年来，以既有优势出版领域为依托，积极发展数字出版，开发了"中国历史文献总库"平台，陆续建设了"民国图书数据库""近代报纸数据库""国家古籍资源库"等多个数字出版产品，获得学术界的肯定。

四十年发展历程中，国家图书馆出版社承担了一大批国家重点出版项目。近十年来，承担有《中国古籍珍本丛刊》等二十一项"十二五""十三五"国家重点图书出版规划项目、《国家图书馆藏样式雷图档》等二十六项 2011—2020 年国家古籍整理出版规划项目、《中华大典·艺术典·音乐分典》等二十三项国家出版基金项目、《哈佛燕京图书馆藏齐如山小说戏曲文献汇刊》等五十四项国家古籍整理出版经费资助项目、"珍贵古籍数字资源应用平台"等十五项中央文化产业发展专项资金项目及国有资本经营预算支出项目。另承担中华古籍保护计划项目近三百种，民国时期文献保护计划项目一百余种。

经过四十年不懈努力，国家图书馆出版社现已成为历史文献影印出版领域的主要力量，披露了五万余种珍稀历史文献；成为全国图书馆馆配市场的重要力量，连续多年被评为"全国优秀馆配出版社"；成为中国图书海外出口的重要贡献者，连续多年入选"中国图书海外馆藏影响力出版 100 强"。

四十年过去，弹指一挥间。站在新时代的高点，国家图书馆出版社将始终以保护传承中华文明、弘扬中华优秀传统文化为己任，坚守信念，不忘初心；将始终把图书馆作为主要依托，专心致力于专业出版、特色出版，打造品牌，服务学术。

国家图书馆出版社

四十周年纪念

目录

國家圖書館出版社

四十年纪事

国家图书馆出版社
四十周年纪念

1977 年

12 月 23 日，国家文物事业管理局同意北京图书馆统一编目部在不增加机构和人员编制的条件下，对外名义改为书目文献出版社，对内仍用统一编目部名称。同时，向国家出版事业管理局申请登记注册。

北京图书馆统一编目部 1972 年 8 月经国务院批准建立。该部主要任务是：为全国大、中、小及专业图书馆、研究所统一编印发行中、外文图书提要卡片及各种联合目录。设有中文统一编目组、西文统一编目组、联合目录组、图书分类法工作组、发行组和印刷厂。

国家文物事业管理局批复

国家文物事业管理局

（77）文物字第１１６号

国家出版事业管理局：

全国图书目录卡片过去是由中国人民大学出版社编印向全国发行的。一九七二年经国务院批准在北京图书馆内成立统一编目部，编辑为一百人，继续编印发行中、外文图书提要卡片及各种联合目录。目前已有三千多个单位订购该部的出版物。

为使该出版物纳入国家出版系统的统一管理，达到随书发卡的要求，并能按计划供应纸张与设备的补充，使它更好地面向全国为三大革命运动服务，我局同意将该部改为书目文献出版社，并向你局申请登记注册。请予允准。

一九七七年十二月二十毕日

抄致：北京图书馆

国家文物事业管理局致国家出版事业管理局函件

1978 年

2月18日，国家文物事业管理局再次致函国家出版事业管理局，申请成立书目文献出版社，规定的出版任务是：编辑和出版当前我国科学技术界急需的参考资料；编辑出版各文种的图书提要卡片；同时，也出版一些图书馆学方面的书刊，以及承担本馆其他部门出版发行事宜。

国家文物事业管理局申请成立书目文献出版社函件（3-1）

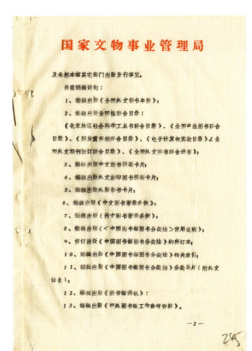

国家文物事业管理局申请成立
书目文献出版社函件（3-2、3-3）

1979 年

2月13日，国家出版事业管理局批准成立书目文献出版社，编定出版社统一代号为 201 号。茅盾先生题写社名。

茅盾先生题写社名

国家出版事业管理局批准书目文献出版社成立文件

4月30日，国家文物事业管理局同意正式出版《北图通讯》（季刊），试行出版《文献报导》（季刊）。12月，北京图书馆主办的学术性刊物《文献》丛刊以图书形式出版，主要内容为国内外有价值的哲学、社会科学文献的研究、评介，以及文献工作动态等。

《北图通讯》（现《国家图书馆学刊》）1977年1月创刊。1979年3月，北京图书馆成立业务资料组，负责编辑《北图通讯》，本社负责出版发行。此刊物主要反映北京图书馆在图书情报科学理论和现代化管理实践方面的研究成果，同时介绍图书情报工作的一些基础知识和有关规章制度、操作程序，并适当介绍国外图书情报工作现状及发展动向。

《北图通讯》1979年第1期

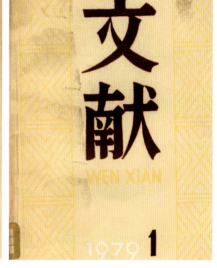

《文献》第一辑（1979年）

1980 年

1月，实行事业单位企业管理。陆续设立了行政科、计划财务科、发行科、出版科、校对科、图书编辑组、中文图书统一编目组、外文图书统一编目组和印刷厂等机构。

8月，北京图书馆统一编目部名称撤销。

10月，《中国图书馆图书分类法》（第二版）出版。同时出版简本。

本年，《北图通讯》在北京市出版局办理了出版登记手续，登记号198。

1981 年

2月，茅盾先生为《文献》题写刊名。

《文献》第七辑（1981年）

1983 年

1月，购入谢国桢藏书 4271 册。

谢国桢藏书

1984 年

1 月，为进一步解决长期以来图书与目录卡片发行彼此脱节的问题，更好地为全国图书馆用户服务，与中国图书馆服务公司先后根据 1982 年 6 月全国图书发行工作会议"可实行多渠道发行"的精神，向全国出版社发出联合在图书馆系统实行"随书配片"的倡议。9 月，开始实行各地书卡一体化发行。

7 月 24 日，北京市文化局批准《文献》作为期刊登记，登记号 1147。

7 月，发布《书目文献出版社关于实施岗位责任制的暂行办法》，要求各科室结合自身业务性质与特点制订本部门所含岗位的责任制及其考核办法，实行以科室为单位的任务承包制。

本年，组建资料室，存书达 7000 多册。

1985 年

10 月，由北京图书馆主持和参与编制的《中国图书馆图书分类法》(第二版)获国家科学技术进步奖一等奖。

本年，《北图通讯》改名为《北京图书馆通讯》。《文献》丛刊改为季刊。

1986 年

8 月，将编辑部划分为文史与图书馆学两个编辑室。

10 月，成立古籍影印组，开始筹划影印出版大型丛书——《北京图书馆古籍珍本丛刊》。

11 月 10 日，国家出版局和文化部图书馆事业管理局联合签发了《关于中文图书统一编目提要卡片由书目文献出版社自办发行的通知》，认为在全国范围内推行"随书配片"的条件尚不成熟，决定恢复图书与目录卡片分别发行的格局。

本年，在国家标准局、文化部图书馆局及国家出版局的积极促成之下，全国性的"在版编目"实施计划正在草拟中，试验性的"在版编目"在书目文献出版社和北京大学出版社开始试行。

卡片自办发行通知

1987 年

1月，重新承担向全国图书馆发行中文图书统一编目卡片业务。

4月6日，瑞典王国首相卡尔松夫人来北京图书馆参观访问。北京图书馆副馆长胡沙向她赠送了书目文献出版社出版的《敦煌社会经济文献真迹释录》。

9月，全国期刊进行重新登记，《文献》杂志主办单位为北京图书馆，主管单位为文化部。国内统一刊号为 CN11-1588。

10月，为纪念新馆落成暨开馆 75 周年，编辑出版《北京图书馆同人文选》《中国国家书目（1985）》《北京图书馆古籍善本书目》《诗渊》《蒙古王府本石头记》和当代著名书画家为北京图书馆新馆开馆创作的《北京图书馆书画集》。

11月，由于环境污染，决定撤销印刷厂。

1988 年

3月，书目文献出版社发行部在北京市工商行政管理局注册，获得企业法人营业执照。

3月，组建影印编辑室，逐渐扩大影印出版规模。

5月，北京图书馆撤销文献信息中心，《文献》季刊编辑部划归本社领导。

1989 年

1月，《图书馆学通讯》（季刊，现《中国图书馆学报》）改由书目文献出版社出版发行。此刊是由中国图书馆学会主办，以图书情报工作者和图书馆学、情报学大专院校师生为主要读者对象的专业学术性刊物。《图书馆学通讯》1957 年 4 月创刊。1979 年 6 月复刊，自复刊至 1986 年，由文物出版社出版；1987 年至 1988 年由北京大学出版社出版；1989 年至 2002 年，由本社出版。

《图书馆学通讯》1989 年第 1 期

国家图书馆出版社四十周年纪念

1991 年

7月16日，新闻出版署同意书目文献出版社重新登记注册。核定本社主办单位是北京图书馆，主管单位是文化部。出书范围为：出版图书馆学、情报学著作和译著，各种书目、索引；影印出版本馆所藏稀见图书文献；可适当出版文史类（不含文艺作品）图书及工具书。8月15日，完成重新登记工作，新社号为 ISBN7-5013。

10月4日，由书目文献出版社主办的北图书店在北京图书馆白石桥新馆主楼南门开业。

本年，《图书馆学通讯》更名为《中国图书馆学报》。

新闻出版署同意重新登记批复

1992 年

6 月，根据新闻出版署工商行政管理局第 14 号文件《关于出版社自办发行图书的暂行规定》，办理了本版图书的总发行权。

9 月 1 日，纪念北京图书馆开馆 80 周年，《北京图书馆馆史资料汇编》《北京图书馆新馆建设文集》《北京图书馆同人文选（第二辑）》《中国博士学位论文提要·社会科学部分（1981—1990）》等图书由本社出版。

9 月，发行部下设读者服务部。

11 月 20 日，原由书目文献出版社发行的中文图书统一编目卡片移交北京图新技术开发公司书目中心经营。

本年，《北京图书馆通讯》改名为《北京图书馆馆刊》。任继愈先生为刊名题字。

《北京图书馆馆刊》

1993 年

2 月，原出版科、发行科合并，成立出版发行部；撤销校对科，将校对工作纳入各编辑室，由编辑室统一管理；撤销卡片发行科。

7 月 16 日，由北京图书馆与本社主办，河北远景药业有限公司协办的毛泽东、周恩来、朱德、董必武、陈毅诗词大型书法系列字帖首发式，在钓鱼台国宾馆隆重举行。洪学智、王光英、王首道等国家领导人和社会知名人士出席首发式。

1994 年

4 月，由北京图书馆副馆长唐绍明主编、图新书目数据中心编制的《中国国家书目（1992）》正式出版发行。

本年，北图书店划归北京图书馆工会管理。人事、财务由书目文献出版社代管。

1995 年

1 月，《北京图书馆馆刊》编辑部划归本社代管。

2 月 22 日，文化部致函新闻出版署，申请将书目文献出版社更名为北京图书馆出版社。

文化部关于本社更名为北京图书馆出版社函件

1996 年

1 月，《中国哲学史》（季刊）由书目文献出版社出版。此刊由中国哲学史学会主办，张岱年任顾问，任继愈任编委会主任，是面向国内外公开发行的理论性、专业性刊物。

2 月 15 日，北京图书馆指定书目文献出版社为北图发行电子出版物的版权代理人，归口管理北图系统电子出版物的出版发行工作，负责对外（包括馆属企业）合作制作、发行电子出版物的签约和管理。

5 月，新闻出版署同意书目文献出版社更名为北京图书馆出版社。结合更名工作以及年中两次大型展览会（全国"八五"期间出版成就展、国际图联 62 届年会图书展），全力塑造出版社新形象。

本年，试行全员聘任目标管理制。

本年，加入全国古籍出版社联合体。

《中国哲学史》1996 年第 1—2 期

新闻出版署
同意更名批复

1997 年

2月，本社邀请《北京图书馆馆刊》、《文献》和《中国图书馆学报》三个刊物的主编、副主编、编委召开座谈会。党委副书记、副馆长周和平，副馆长孙蓓欣到会并讲话，对三个刊物的成绩、进步予以充分肯定。与会同志认为，三个刊物是北京图书馆对外宣传的重要窗口和学术阵地，今后要在充实内容和提高质量上继续努力。

10月13日—18日，本社在京承办第十一届古籍出版社联席会。同时为配合北京图书馆开馆85周年纪念活动，会议期间在新馆举办了"古籍出版社重点图书联展"。

第十一届古籍出版社联席会

1998 年

1 月 9 日，《庞迪我与中国》中文本、西班牙文本首发式，在西班牙驻华大使馆举行。馆长任继愈、总编辑曹鹤龙参加仪式。

1 月，全面推行责任编辑负责制，缩编出版部。

5 月 22 日，代管的《北京图书馆馆刊》编辑部划归北京图书馆办公室代管。

12 月，李岚清副总理去泰国访问并参加第十三届亚运会，将本社出版的《明解增和千家诗注》赠送泰国国王、公主和国际奥委会主席萨马兰奇先生。

《明解增和千家诗注》

1999 年

1月22日，为纪念北京图书馆建馆90周年，首套珍藏版《北京图书馆藏书票》原票集在北京图书馆和上海图书馆两地同时向社会公开限量发行。

1月，增设储运科。

2月，《北京图书馆馆刊》编辑部重新划归北京图书馆出版社。根据减员增效的精神，对《文献》和《北京图书馆馆刊》两个编辑部进行人员分流。7月，聘请李学勤、傅熹年、傅璇琮等先生为《文献》杂志学术顾问。

李学勤先生（中）　　　　傅熹年先生（中）　　　　傅璇琮先生（左二）

6月，建立内部局域网。

9月，《文渊阁四库全书补遗（集部）》（全十五册）获第四届国家图书奖提名奖。同年，该书还荣获第二届全国古籍整理图书一等奖、第五届全国书籍装帧艺术展览封面设计三等奖。

《文渊阁四库全书补遗（集部）》
获奖证书

2000 年

本年，合并办公室、总编室、出版科为社长总编办公室（一个机构三块牌子），成立珂罗版室，取消财务科，并根据有关政策对部分将到退休年龄的员工办理内退手续；建立与原档案工资脱离的工资制度；实行年度聘任制度。

本年，清理压缩行政库房，充实生产经营部门用房，将关闭两年之久的资料室搬入办公楼内。根据国家图书馆分馆开馆总体规划，将书库搬迁至丰台总参后勤部仓库。

本年，《北京图书馆馆刊》更名为《国家图书馆学刊》。国家图书馆发展研究院成立，负责出版发行《文献》杂志。

本年，开始探索馆配直销模式，社领导与编辑一同走访图书馆客户。

走访甘肃省图书馆

2001 年

2月28日，《国家图书馆学刊》编辑部、《文献》编辑部从国家图书馆发展研究院划归本社。其后，出版社委托研究院承担两刊的编辑工作。

3月1日，北京文津阁印务有限责任公司成立。注册资金50万元，北京图书馆出版社以货币出资11万元，占注册资本的22%。

3月19日—4月8日，社长郭又陵、副总编辑徐蜀二人赴美国参加美国东亚学会中文资料委员会年会，并访问了芝加哥大学东亚馆、俄亥俄州立大学图书馆、哈佛大学哈佛燕京图书馆、耶鲁大学东亚馆、哥伦比亚大学东亚馆、普林斯顿大学东亚馆，会见了钱存训教授等，联系了《中国古书书籍、纸墨、印刷史论文集》《奔向灿烂的华尔街》二书出版事宜。

3月29日，国家图书馆接到编印出版《赵氏孤儿·中国孤儿》礼品书的

赴哈佛燕京图书馆拜会郑炯文先生（左二）、沈津先生（左一）

赴芝加哥大学东亚馆拜会钱存训先生（中）

《赵氏孤儿·中国孤儿》

《中国国家图书馆碑帖精华》首发式

紧急任务，在多方配合下，仅用10天赶制出样书。本书在李岚清副总理出访法国时赠送给法国总统希拉克、法国国家图书馆、法国国家博物馆等。

12月，举行《中国国家图书馆碑帖精华》首发式暨馆藏碑帖展览开幕式。本书由任继愈主编，启功任总顾问。

本年，《中国蒙古文古籍总目》获第五届中国民族图书奖二等奖。

《中国蒙古文古籍总目》获奖证书

2002 年

1月1日，国家图书馆在分馆文津楼举办《文津演讲录》首发式暨百期讲座庆祝活动。

2月20日，文化部、财政部领导在北京图书馆出版社观摩《中华再造善本》试制样书。

2月26日—27日，专家学者在国家图书馆观摩《中华再造善本》试制样书。

4月17日，"《永乐大典》编纂600周年国际研讨会暨《永乐大典》仿真影印出版首发式"在国家图书馆举办。

5月27日，文化部、财政部联合发布《关于印发〈中华再造善本工程实施方案〉的通知》，决定在全国实施中华再造善本工程，有计划地利用现代出版印刷技术复制出版珍贵古籍善本，分藏于国家图书馆和各省、自治区、直辖市图书馆，供鉴赏和学术研究之用。

专家学者观摩《中华再造善本》试制样书

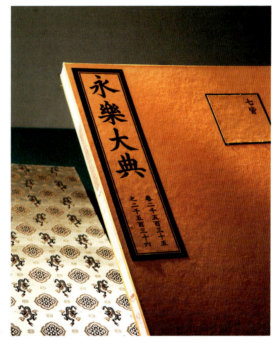

仿真影印本《永乐大典》

ZZW01

文社图发〔2002〕21号

关于印发《中华再造善本工程
实施方案》的通知

各省、自治区、直辖市文化厅（局）、财政厅（局），新疆生产建设兵团文化局、财政局，国家图书馆：

我国历史悠久，典籍丰富著称于世，保存在全国各地图书馆的古籍善本，极富研究价值和文物价值。这些传世珍本，种类繁多、形式多样，大部分在入藏前饱经兵、大、水、虫之害，已有不同程度的破损。特别是一些孤本绝版古籍，如遇突发性事件或不可抗力而遭损毁，将对中华文化的传承造成无法挽回的损失。为了确保这些古籍善本不致失传，使它们在建设有中国特色社会主义文化中发挥应有的作用，文化部和财政部决定在全国实施中华再造善本工程，有计划地利用现代出版印刷技术复制出版这些珍贵古籍善本，分藏于国家图书馆和各省、自治区、直辖市图书

— 1 —

馆、供鉴赏和学术研究之用。为此，特制定《中华再造善本工程实施方案》，现印发给你们，请认真研究，并按照《中华再造善本工程实施方案》的要求，组织有关单位做好选题、申报工作，并于 2002 年 7 月 10 日前将选题申报书报送中华再造善本工程编纂出版委员会办公室。

联 系 人：张志清
通讯地址：北京中关村南大街 33 号国家图书馆善本部
邮政编码：100081
电 话：88545008
传 真：68716449

附件：1. 中华再造善本工程规划指导委员会名单
2. 中华再造善本工程编纂出版委员会名单
3. 中华再造善本工程选用底本标准
4. 中华再造善本工程选题申报书

二〇〇二年五月二十七日

— 2 —

关于印发《中华再造善本工程实施方案》的通知

5月，社网站正式开通。

7月16日，成立中华再造善本编辑室，主任由社长兼任，选配人员专职从事《中华再造善本》丛书的编辑出版工作。积极争取新闻出版总署支持，成功解决该丛书"一书一号"所需的大量书号问题。

7月19日—20日，"中华再造善本工程规划指导委员会和编纂出版委员会工作会议"在京召开。财政部副部长、中华再造善本工程规划指导委员会副主任金立群，文化部副部长、中华再造善本工程规划指导委员会副主任周和平出席会议。本次会议标志着中华再造善本工程正式启动。季羡林、任继愈、孙家正、项怀诚分别为工程题词。

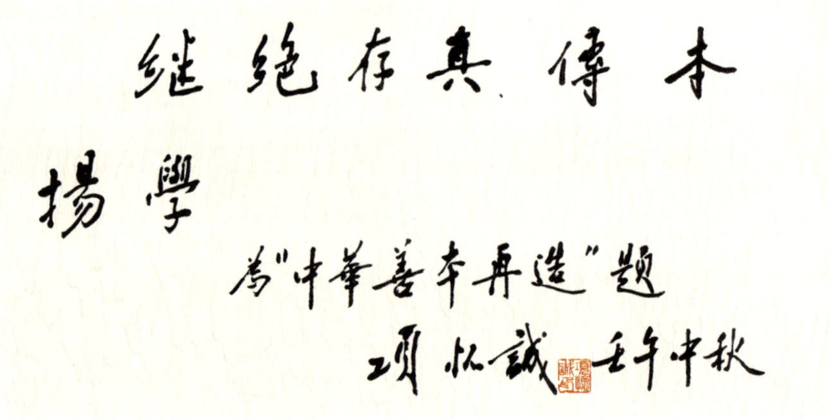

继绝存真 传本扬学

为"中华善本再造"题

项怀诚 壬午中秋

项怀诚题词

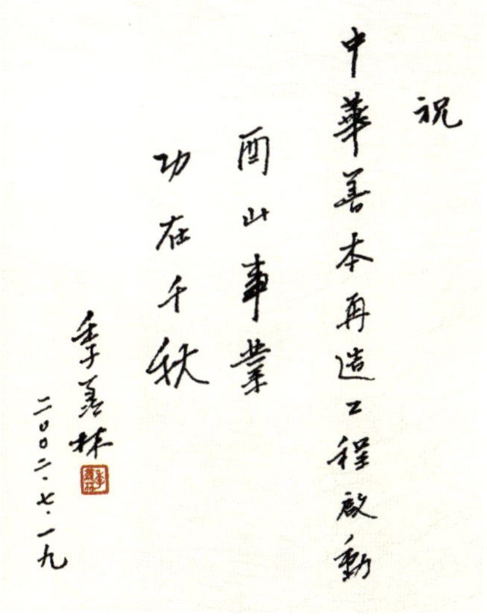
祝
中華善本再造工程啟動
名山事業
功在千秋
季羡林
二〇〇二.七.一九

季羡林题词

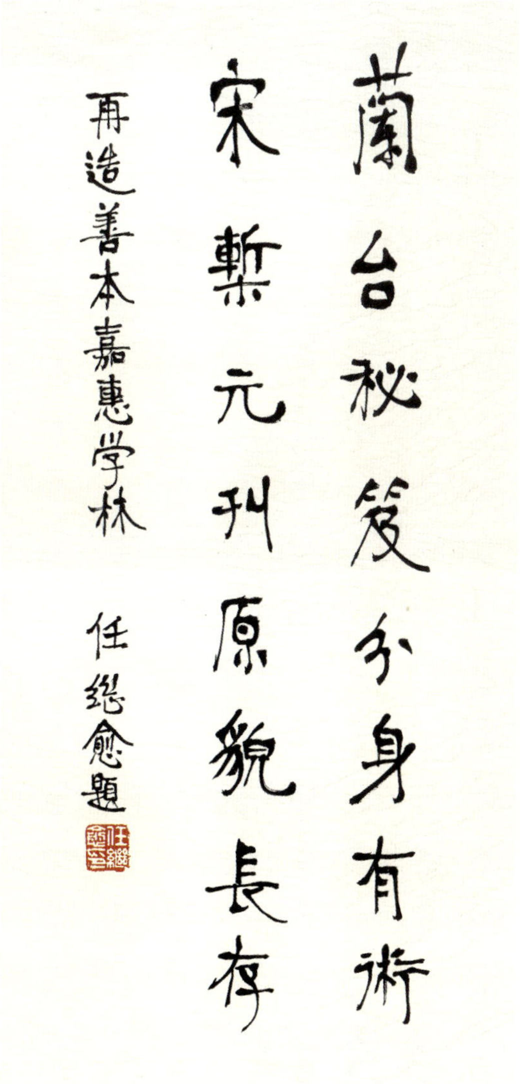
蘭台秘笈分身有術
宋槧元刊原貌長存
再造善本嘉惠学林
任繼愈題

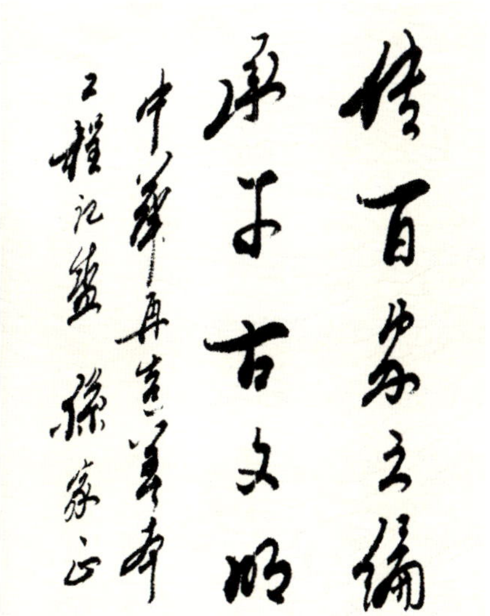
傳百家之編
承千古文明
中華再造善本工程記盛
孫家正

孙家正题词

任继愈题词

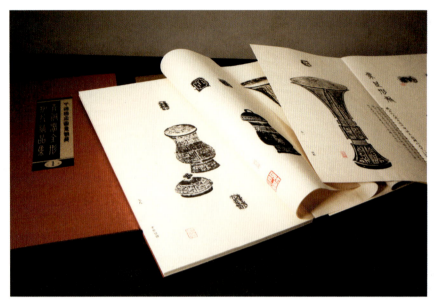

《中国国家图书馆藏青铜器全形拓片精品集》

9月，朱镕基总理向法国总统希拉克赠送本社出版的《中国国家图书馆藏青铜器全形拓片精品集》。

12月19日，"中华再造善本编纂出版座谈会"在人民大会堂举行。座谈会由文化部副部长周和平主持，国务院副总理李岚清出席并讲话，文化部部长孙家正、财政部副部长金立群分别代表项目领导机构介绍工程情况，中华再造善本工程编纂出版委员会主任李致忠汇报工程进展，国家图书馆馆长任继愈、中国艺术研究院研究员冯其庸在会上发言。中华再造善本工程规划指导委员会和编纂出版委员会全体成员，部分在京专家学者启功、史树青、金开诚、陈高华等，以及各学术机构、图书馆代表参加了座谈会，并观看了现场展示的32种样书。

12月26日，《国家图书馆学刊》编辑部、《文献》编辑部划归国家图书馆发展研究院。

本年，徐蜀被评为第四届"全国百佳出版工作者"。

本年，《中国国家图书馆碑帖精华》（全八册）获第十三届中国图书奖、首届中国书法兰亭奖编辑出版奖、2001年全国十大文博考古最佳图书；《中国历史文选》获全国普通高等学校优秀教材一等奖；《文献分类法主题法导论》获全国普通高等学校优秀教材二等奖。

本年，为李岚清副总理出访法国制作礼品书《李白诗选》。

《中国国家图书馆碑帖精华》获奖证明

《中国历史文选》获奖证书

《文献分类法主题法导论》获奖证书

《李白诗选》

2003 年

1月，成立《中华再造善本》图书储运小组，设立专库存放图书。

本年，先后在上海、北京、广州、深圳等地举办了"《中华再造善本》推介会"。

本年，购进图书发行 2000 版出版社发行信息管理系统。完成资料室密集柜的安装。

本年，《中国图书馆学报》改由《中国图书馆学报》编辑部出版。

《中华再造善本》上海推介会　　　　　　　《中华再造善本》港澳地区推介会

《中华再造善本》港澳地区推介会展陈图书

2004 年

1月13日，"中华再造善本工程工作会议"在京召开，中华再造善本工程规划指导委员会、中华再造善本工程编纂出版委员会的领导和专家参会并观看了部分再造善本样书，对该工程给予了很高的评价。

9月16日—19日，庆祝建社25周年活动之一"北京图书馆出版社《中华再造善本》出版座谈会"在密云举行，邀请长期关注本社发展的领导、专家、学者及一直与本社保持密切合作关系的高校图书馆及京城各大书店代表近百余人参加。通过听取图书馆界、专家学者的建议，进一步坚定了专业出版的方向。

12月27日，第六届墨子学国际研讨会暨《墨子大全》出版发行首发式在人民大会堂山东厅举行。国家图书馆馆长任继愈等出席研讨会开幕式。全国人大副委员长何鲁丽、全国政协副主席郝建秀为《墨子大全》出版发行首发式揭幕剪彩。

本年，北京图书馆出版社工会正式成立。

25周年社庆样书展示

2005 年

2 月 22 日，教育部发布《关于实施〈中华再造善本〉进校园计划的通知》，决定为全国 100 所普通高等学校的图书馆各配备一套《中华再造善本》。

3 月 26 日—29 日，由教育部外资贷款办公室（政府采购中心）主办，北京图书馆出版社承办的"《中华再造善本》配备工作会议"在云南丽江召开。教育部外资贷款办公室设备处处长喻小明，中华再造善本工程规划指导委员会办公室副主任、国家图书馆副馆长张彦博，中华再造善本工程编纂出版委员会主任、国家图书馆发展研究院院长、全国政协委员李致忠，云南大学副校长倪慧芳，云南师范大学副校长邹平，丽江市文化局副局长王虎林，社长兼总编辑郭又陵，以及《中华再造善本》配备高校中除北京地区之外的 77 所高校图书馆的代表计百余人出席了本次会议。

5 月，胡锦涛总书记向亲民党主席宋楚瑜赠送本社出版的《湘潭昭山宋氏石潭房七修族谱》。

本年，先后在厦门、哈尔滨、济南等地举办了"《中华再造善本》推介会"。

《中华再造善本》配备工作会议

与会人员翻阅《中华再造善本》样书

《中华再造善本》推介会厦门会场　　　　　　　《中华再造善本》推介会山东大学会场

《中华再造善本》推介会黑龙江大学会场

《湘潭昭山宋氏石潭房七修族谱》

2006 年

6月19日，在新疆师范大学举办"《中华再造善本》图书展示暨出版座谈会"，新疆维吾尔自治区学术界、图书馆界相关人员参加。

6月29日，"《国家图书馆藏敦煌遗书》编纂出版座谈会"在人民大会堂举行。国家图书馆名誉馆长、主编任继愈，新闻出版总署副署长邬书林，全国古籍整理出版规划领导小组常务副组长、中国出版集团总裁杨牧之，文化部社会文化图书馆司司长张旭，新闻出版总署图书司副司长汪晓军，全国古籍整理出版规划领导小组办公室主任黄松，著名学者冯其庸、王尧，敦煌

《国家图书馆藏敦煌遗书》
编纂出版座谈会

与会人员翻阅《国家图书馆藏敦煌遗书》样书

《中华再造善本》出版座谈会新疆师范大学会场

稽 古 揆 今 传 本 弘 文

Jigu Zhenjin Chuanben Hongwen

第二届海峡两岸图书交易会

吐鲁番学界的专家学者宁可、郝春文、柴剑虹、荣新江等，以及来自图书馆界、出版界和新闻界的代表共计100余人参加了座谈会。

8月22日，与首都图书馆、东城区图书馆、延庆县图书馆等10家北京地区公共图书馆在延庆夏都会议中心举办了业务交流会。

9月20日—24日，由中国出版工作者协会和台湾图书发行协进会等联合举办的第二届海峡两岸图书交易会，在台北展演二馆召开。国家图书馆党委副书记、副馆长张雅芳，发展研究院院长、中华再造善本工程编纂出版委员会主任李致忠，善本特藏部副主任陈红彦，出版社副社长赵海明等一行8人参加交易会，并与台湾图书馆界同仁进行业务访问与交流。交易会上，本社出版的《中华再造善本》《永乐大典》《国家图书馆藏敦煌遗书》成为最大亮点。展会期间，还参加了在台北市立图书馆举办的"中华古籍的保护与利用——海峡两岸图书馆论坛"。

在第二十一届古籍出版社社长年会上，评选出第一届优秀古籍图书奖。本社有8种书获奖:《中华再造善本》获荣誉奖;《中国丛书知见录》获一等奖;《华东师范大学图书馆藏稀见方志丛刊》《古籍珍稀版本知见录》《历代陶文研究资料选刊》《国家图书馆藏西夏文献中的汉文文献释录》获二等奖;《评书红楼梦》《禅趣小品》获普及读物奖。

2007 年

1 月，受文化部委托，由国家图书馆组织起草的《古籍普查规范》《古籍特藏破损定级标准》等 5 个中国古籍保护相关标准规范出版发行。这使得中国的古籍保护工作将有章可循。

1 月，文化部、财政部联合发布《关于向全国省级以上公共图书馆颁赠中华再造善本的通知》。2 月 27 日—28 日，全国古籍保护工作会议在北京友谊宾馆召开，并举行了向国家图书馆及 31 家省级以上公共图书馆颁赠《中华再造善本》仪式。

古籍保护相关标准

全国古籍保护工作会议

　　4月23日，在重庆市图书馆举办了"《中华再造善本》颁赠接收仪式暨展示会"，重庆市的学术界、图书馆界相关人员参加。

　　4月，温家宝总理访问日本，向日本首相安倍晋三及立命馆大学赠送《中国国家图书馆碑帖精华》。

《中华再造善本》颁赠接收仪式暨展示会

　　10月25日，"纪念闻一多先生诞辰108周年和殉难61周年暨《拍案颂——闻一多纪念与研究图文录》出版座谈会"在国家图书馆古籍馆学术报告厅隆重举行。

"文明的传承——国家图书馆古籍影印出版成果展"开幕式

专家学者座谈会

少林寺住持释永信参观展览

柴剑虹先生参观展览

汤一介先生观看展品

文化部副部长周和平参观展览

新闻出版总署副署长阎晓宏观看展品

38

《民国文献资料丛编》

《民国期刊资料分类汇编》

　　11月6日—12日，"文明的传承——国家图书馆古籍影印出版成果展"在国家图书馆举办，展出了主要使用国家图书馆底本的影印图书15000余册，形象、立体地展示了改革开放以来古籍影印出版的大部分成果。周和平、阎晓宏、杨牧之、周慧琳等文化部、新闻出版总署、全国古籍整理出版规划领导小组领导，任继愈、汤一介、傅熹年、冯其庸、白化文、陈祖武、钟肇鹏、傅璇琮、王天有、陈其泰、柴剑虹、杨忠、李致忠、张国刚、杨成凯、吴书荫、张忱石、左东岭等知名专家，以及来自北京高校、图书馆和图书销售单位的嘉宾等参加。展览期间，在红厅召开专家学者座谈会。

　　本年，响应任继愈先生"抢救民国文献"的呼吁，国家图书馆成立了"民国文献资料编纂出版委员会"，对民国文献统一规划整合，依据馆藏特色、资料类型、濒危状况、珍稀程度和社会需求等，进行分类整理，由本社以《民国文献资料丛编》与《民国期刊资料分类汇编》的形式，有计划、有步骤、成系统、成规模地陆续编纂出版。

2008 年

1 月，增设营销策划部。

3 月 28 日—30 日，由中国图书馆学会编译出版委员会图书馆学著作编辑出版专业委员会主办，我社承办的编译出版委员会图书馆学著作编辑出版专业委员会工作会议在天津召开。

4 月 30 日，新闻出版总署同意本社更名为国家图书馆出版社。11 月，请任继愈先生题写新社名。

9 月，在国家图书馆二期暨国家数字图书馆开馆之际，"中华再造善本工程（二期）启动工作座谈会"在二期新馆举行。文化部副部长周和平出席座谈会并作重要讲话。全国 50 多家古籍收藏单位代表以及部分专家学者出席了座谈会。

中国图书馆学会第七届编译出版委员会图书馆学著作编辑出版专业委员会工作会议

中华人民共和国新闻出版总署

新出图〔2008〕515 号

关于同意北京图书馆出版社更名为国家图书馆出版社的函

文化部：

作部文办函〔2008〕256 号文收悉。

经研究，同意北京图书馆出版社更名为国家图书馆出版社。请通知国家图书馆出版社持此件到北京市新闻出版局办理变更登记手续。

主题词：文化 出版社 变更 函

抄送：新闻出版总署信息中心，新闻出版总署条码中心，北京市新闻出版局，国家图书馆出版社。

新闻出版总署办公厅 2008 年 5 月 6 日印发

任继愈先生题写社名

新闻出版总署同意更名函件

10月13日—16日，由本社主办、上饶师范学院协办，在江西上饶召开了"华东地区图书馆古籍保护与资源建设工作会议"。

12月10日，"《密宗甘露精要·传世大藏经秘密部》出版座谈会暨捐赠仪式"在人民大会堂西藏厅举行。

本年，适应选题范围扩大，要求分工更加细化的新情况，对各编辑室的出书范围和重点、工作分工作了较大幅度的调整，各室从自己原有特点延伸，都承担一部分传统文献的影印工作，图书馆学室加强书目类图书的策划出版，综合室主要负责民国文献的整理出版，文史室专门从事民国报刊资料的分类汇编工作。

中华再造善本工程（二期）启动工作座谈会

华东地区图书馆古籍保护与资源建设工作会议

《密宗甘露精要·传世大藏经秘密部》出版座谈会暨捐赠仪式

2009 年

3 月 11 日—13 日，中国图书馆学会秘书处主办，安徽省图书馆学会承办，本社和国家图书馆研究院协办的"中国图书馆学会 2009 年秘书长联席会议暨《中国图书馆年鉴》工作会议"在安徽合肥隆重召开。

4 月，成为"清史工程出版联合体"十家出版社之一。此后，陆续出版"文献丛刊""档案丛刊"数种。

承担的清史工程项目

7 月 29 日—8 月 1 日，在内蒙古呼伦贝尔组织召开了"华北及东北地区图书馆古籍保护与资源建设工作会议"。

8 月，在新闻出版总署首次经营性图书出版单位等级评估中被定为一级出版社，并被授予"全国百佳图书出版单位"称号。

全国百佳图书出版单位荣誉证书

11 月 26 日—27 日，为纪念建社三十周年，举办三场专家学者座谈会，邀请了文史学界、图书馆学界近百名学者参加。到会的几十位专家学者高度评价了本社 30 年来在专业化和特色出版道路上取得的成绩，也对本社进一步发展提出了有益建议。

本年，为全面展示 30 年的出版成果以及精品图书、获奖图书，专门开设社史展室。

国家图书馆出版社成立三十周年专家座谈会

2010年

年初，组建"历史文献影印编辑中心"，将原来的古籍影印编辑室、文史编辑室、综合编辑室合三为一。图书馆学编辑室专注于图书馆学情报学专业的图书出版，不再涉足影印业务。

1月29日，"《中华再造善本（续编）》工作座谈会"在京举行。文化部副部长周和平出席会议并讲话。

6月，美国哈佛大学哈佛燕京图书馆馆长郑炯文先生访社，就该馆古籍选题开发、汇编出版等问题进行了深入细致的交流，达成了一定的合作意向，并且讨论了《齐如山曲本》等具体的合作项目。

12月30日，完成工商登记，换发企业营业执照。

本年，《第一批国家珍贵古籍名录图录》荣获第三届中华优秀出版物图书奖。

本年，因丰台部队库房拆迁，库房搬迁至大兴区福源路。

《第一批国家珍贵古籍名录图录》获奖证书

2011 年

1月11日，在国家图书馆古籍馆举办"《清文海》暨清史资料出版座谈会"，对本社历史文献影印出版工作进行了集中宣传。

3月23日，新闻出版总署同意本社从事互联网出版业务。

6月，与福建师范大学在北京联合召开"《中国古代音乐文献集成》（第一辑）出版座谈会"。

8月18日，正在香港视察的国务院副总理李克强出席香港大学百年校庆典礼，并向香港大学赠送《中华再造善本》。

《清文海》暨清史资料出版座谈会

《中国古代音乐文献集成》（第一辑）出版座谈会

《上海图书馆藏稀见方志丛刊》
发布会暨地方志整理出版座谈会

《中国图书馆藏古籍珍本丛刊》
编纂座谈会

9月14日，在上海图书馆举办"《上海图书馆藏稀见方志丛刊》发布会暨地方志整理出版座谈会"。

9月，与博华文盛公司在北京联合召开"《清敕修大藏经》首发式"。

10月，在北京召开"《中国图书馆藏古籍珍本丛刊》编纂座谈会"。

11月9日—11日，由中国图书馆学会编译出版委员会图书馆学著作编辑出版专业委员会主办，本社承办的中国图书馆学会编译出版委员会图书馆学著作编辑出版专业委员会2011年工作会议在河北省保定市召开。

12月16日，由华东师范大学和本社联合主办的"'子藏'工程首批成果发布会"在人民大会堂北京厅隆重举行。

本年，徐蜀荣获第二届中国出版政府奖优秀出版人物奖（优秀编辑）。

本年，进行数字化出版初步尝试。与圣智学习亚洲私人有限公司签订数字内容合作协议，着手近现代中国学外文文献影印图书的数字化与全球电子书分销。

中国图书馆学会编译出版委员会图书馆学著作编辑出版专业委员会2011年工作会议

新闻出版总署副署长阎晓宏（左一）、国家图书馆馆长周和平（左二）、华东师范大学党委书记童世骏（右一）出席"'子藏'工程首批成果发布会"

《子藏》总编纂方勇（左二）在"'子藏'工程首批成果发布会"讲话

2012 年

2月，成立综合编辑室；营销策划部加挂数字出版部牌子，增加数字出版工作职责。

3月，召开《中华再造善本（续编）》补选目布置会及《续编》提要第一次专家复审会。

9月，在江苏南京举办"《南京图书馆藏稀见方志丛刊》新书发布暨地方志整理出版座谈会"。

9月，成立古籍普查目录编辑室，专门负责《全国古籍普查登记目录》编辑出版工作。

10月，在北京举办"《远东国际军事法庭庭审记录》编纂出版启动仪式暨座谈会"。

本年，通过"社长办公会议办法"，所有重大事项由社长办公会议集体讨论决定，实现民主管理；实行"部门任务书"制度，实现社里管部门、部门管所属人员的分级管理。成立"选题策划专家委员会"，聘请郭又陵、徐蜀分别担任选题策划专家委员会主任、副主任，确定"选题策划专家委员会"专家人选并举办成立仪式。

本年，殷梦霞荣获"全国新闻出版行业领军人才""第二届北京市新闻出版行业领军人才"称号。

《远东国际军事法庭庭审记录》编纂出版启动仪式暨座谈会

2013 年

1月，数字出版部独立运行。本年开发完成"《中华再造善本》数据库""中国古籍影印丛书查询数据库"两个数据库产品并实现销售。

2月，《中华再造善本（续编）》质量抽查会在湖北大厦召开。

4月1日，内部刊物《国家图书馆出版社通讯》创刊。本刊旨在记录出版社成长轨迹、展现员工风采、分享各种感悟，以期达到增进交流、构建企业文化之目的。

4月，在上海图书馆举办《民国时期电影杂志汇编》首发式暨座谈会。

《国家图书馆出版社通讯》第1期

海外（北美地区）中华古籍保护工作研讨会

5月，本社与第一历史档案馆在昌平举办"明清档案文献编纂出版座谈会"。

6月17日—18日，"海外（北美地区）中华古籍保护工作研讨会"在国家图书馆举办。来自美国国会图书馆、哈佛大学哈佛燕京图书馆、耶鲁大学东亚图书馆等12家图书馆的代表参加。会议重点讨论了《北美中文善本古籍联合目录》的编纂方案与工作机制。

9月25日，"《北京大学图书馆藏稀见方志丛刊》新书发布会暨地方文献整理座谈会"在国家图书馆古籍馆举行。

10月22日，"《清代军机处随手登记档》新书发布会暨清代文献整理出版座谈会"在国家图书馆古籍馆举行。

10月30日，"'中国古籍珍本丛刊'编纂出版座谈会暨《天津图书馆卷》首发式"在北京怀柔举办。

本年，贾贵荣荣获第三届中国出版政府奖优秀出版人物奖（优秀编辑）。

本年，古籍馆院内原文津雕版博物馆场地划归本社使用，更名弘文堂，主要展示陈列本社出版精品图书，承办小型会议与接待等。

明清档案文献编纂出版座谈会

《北京大学图书馆藏稀见方志
丛刊》新书发布会

《清代军机处随手登记档》新书
发布会

《中国古籍珍本丛刊·天津图书
馆卷》首发式

国家图书馆出版社四十周年纪念

四 十 年 纪 事

2014 年

1月17日，国家图书馆举办"《原国立北平图书馆甲库善本丛书》出版座谈会"。国家图书馆馆长周和平、文化部公共文化司巡视员刘小琴、国家出版基金规划管理办公室副主任祁德树、中国出版协会古籍出版工作委员会秘书长黄松出席座谈会。中国工程院院士傅熹年，全国古籍保护工作专家委员会主任李致忠，北京大学教授孙钦善、龚鹏程、朱凤瀚等国内学术界、图书馆界、出版界的著名专家学者，以及文化部、国家新闻出版广电总局、国家图书馆的相关工作人员参加了会议。

1月18日，"《古本戏曲丛刊》编纂启动座谈会"在国家图书馆召开。这是继1987年《古本戏曲丛刊五集》出版后，时隔26年再次启动《古本戏曲丛刊》的编辑出版工作。

1月，本社成功入围国家社科基金后期资助项目推荐申报出版机构。成为图书馆学、情报学与文献学项目优先承担单位。

4月2日，总编室内部简报《审读情况通报》开始按季度发布，总结每季度内清样稿审读中发现的问题，为编辑提供借鉴参考。

5月20日，与南京大学图书馆联合举办"《南京大学图书馆藏稀见方志丛刊》新书发布会暨地方文献整理座谈会"。

5月23日，与重庆图书馆联合召开"《重庆图书馆藏稀见方志丛刊》新书发布会暨地方文献整理座谈会"。

6月13日，在北京师范大学图书馆召开"《中华再造善本（续编）》展示与文献保护利用研讨会"。

8月14日，由浙江师范大学江南文化研究中心、首都师范大学中国诗歌研究中心、中国屈原学会和本社联合主办的"《楚辞文献丛刊》出版暨楚辞文献整理座谈会"在国家图书馆古籍馆召开。

"《原国立北平图书馆甲库善本丛书》出版座谈会"与会人员观看甲库善本影像

《古本戏曲丛刊》编纂启动座谈会

《南京大学图书馆藏稀见方志丛刊》新书发布会

《重庆图书馆藏稀见方志丛刊》新书发布会暨地方文献整理座谈会

《中华再造善本（续编）》展示与文献保护利用研讨会

《楚辞文献丛刊》出版暨楚辞文献整理座谈会

典藏文献特色服务与开发研讨会

《中国人民抗日战争纪念馆藏日本强掳中国赴日劳工档案汇编》出版首发暨座谈会

国家图书馆出版社三十五周年专家座谈会

　　9月10日，与中国图书馆学会专业图书馆分会在怀柔举办"典藏文献特色服务与开发研讨会"。

　　9月18日，"《中国人民抗日战争纪念馆藏日本强掳中国赴日劳工档案汇编》出版首发暨座谈会"在中国人民抗日战争纪念馆举行。

　　12月20日，澳门回归十五周年纪念日，习近平总书记将本社出版的《永乐大典》和《北京大学图书馆藏稀见方志丛刊》赠送给澳门大学。

　　12月24日，"国家图书馆出版社三十五周年专家座谈会"在京举行。

　　本年，办公自动化系统（OA）、出版信息管理系统（ERP）上线运行。

习近平总书记澳门大学赠书签名

本年,《中华再造善本（续编）》完成全部出版任务,百所大学配书工作圆满完成。

本年,因国家图书馆财务处增加"馆属企业财务核算"职责,原财务部变更为两个部门:财务部和事业发展部。两部门合署办公,财务部人员由馆方派驻。

本年,开通国家图书馆出版社官方微信。

本年,"民国图书数据库（一期）""中国历史人物传记资源数据库""民国图书馆学文献数据库"三个数据库产品上线运行。

2015 年

1月，历史文献影印编辑室分为古籍影印编辑室、民国文献影印编辑室；古籍普查目录编辑室与综合编辑室合并，名为综合编辑室（古籍普查目录编辑室）；中华再造善本编辑室更名为重大项目编辑室（中华再造善本编辑室）。

4月1日，内部简报《古籍普查登记目录选题情况汇报》开始发布。该简报由《全国古籍普查登记目录》责任编辑撰稿，总编室汇总，不定期发布，为各编辑室提供选题素材。

4月15日，由国家图书馆和任继愈研究会联合主办的"《任继愈文集》出版座谈会"在国家图书馆古籍馆举行。全国政协常委、民族和宗教委员会主任朱维群，文化部副部长杨志今，国家图书馆馆长韩永进，副馆长刘惠平、张志清，来自文化部、中国社会科学院、国家新闻出版广电总局、中国无神论学会、山东省的相关代表等参加会议。

4月21日，在广东省立中山图书馆召开"《中国古籍珍本丛刊·广东省立中山图书馆卷》新书发布会暨馆藏历史文献整理座谈会"。

4月，社长方自金赴英国参加伦敦书展，在国家图书馆国际交流处的支持

《任继愈文集》出版
座谈会

《中国古籍珍本丛刊·广东省立中山图书馆卷》　　　　　民国时期文献保护暨整理出版研讨会
新书发布会

《中华大典·艺术典·音乐分典》编纂启动仪式　　　　　　　《清代家集丛刊》出版座谈会

与协助下，顺访牛津大学博德利图书馆及大英图书馆，洽谈合作出版以上两馆馆藏《永乐大典》并获得许可。

5月，本社与国家古籍保护中心办公室达成了合作开发"中国古籍珍本丛刊""海外中华古籍珍本丛刊""中华古籍书志书目丛刊""海外中华古籍书志书目丛刊"四个丛书系列的意向。

6月12日，在北京师范大学图书馆召开"民国时期文献保护暨整理出版研讨会"。

7月31日，"《中华大典·艺术典·音乐分典》编纂启动仪式"在京举行。国家出版基金规划管理办公室副主任祁德树出席会议。

7月，库房搬迁至大兴芦求路。

10月10日，在国家图书馆古籍馆举行"《清代家集丛刊》出版座谈会"。

《四川历代方志集成》新书发布会　　　　　　　　　《衢州文献集成》发布式暨座谈会

10月26日，在成都举办"《四川历代方志集成》和《重修四川通志稿》新书发布会"。

10月27日，由中共衢州市委宣传部主办、衢州学院和本社承办的"《衢州文献集成》发布式暨座谈会"在衢州举行。

11月6日，举办"黑龙江省地方志办公室、国家图书馆出版社战略合作协议签署仪式"；30日，举办"江苏省档案局（馆）、国家图书馆出版社战略合作协议签署仪式"。

11月，数字出版部王涛入选北京市出版人才"百人工程"。

本年，经过与文化部科技司多次沟通，争取到《中国文化年鉴2015》的编辑出版任务，并为该项目配备了专职编辑人员。

本年，《远东国际军事法庭庭审记录》荣获第五届中华优秀出版物奖图书奖、上海图书奖；《老子绎读》入选国家新闻出版广电总局首届向全国推荐中华优秀传统文化普及图书。

本年，成立"十三五"发展规划编制小组，启动出版社"十三五"规划编制工作。

与江苏省档案馆签署战略
合作协议

与黑龙江省地方志办公室
签署战略合作协议

《远东国际军事法庭庭审记录》获奖证书

《老子绎读》荣誉证书

2016年

3月，北京双高人才流动党总支第33支部暨国家图书馆出版社企业聘用员工党支部成立。

4月20日，"《国家图书馆藏样式雷图档·圆明园卷初编》出版座谈会"在北京市海淀区三山五园文化体验馆召开。国家图书馆常务副馆长陈力和北京市海淀区委常委、宣传部部长陈名杰共同为新书揭幕。

8月22日，"《古本戏曲丛刊》第六集出版暨《丛刊》文献及文化意义座谈会"在国家图书馆古籍馆召开。国家新闻出版广电总局、中国社会科学院、中国艺术研究院、国家图书馆、北京大学、中国人民大学、北京师范大学、北京语言大学、中山大学、温州大学、中华书局、人民文学出版社等机构和高校的近40位专家学者参会。

8月29日，"《美国埃默里大学神学院图书馆藏中文古籍目录》发布座谈会"在本社弘文堂举行。本项目是国家古籍保护中心"海外中华古籍调查暨数字化合作项目"重要成果，纳入"海外中华古籍书志书目丛刊"系列。

双高人才流动党总支第33支部成立

《国家图书馆藏样式雷
图档·圆明园卷初编》
出版座谈会

《古本戏曲丛刊》第六集
出版座谈会

《美国埃默里大学神学院
图书馆藏中文古籍目录》
发布座谈会

历史文化名城馆藏开发暨资源建设
研讨会

中国图书馆学会第九届编译出版
委员会成立暨 2016 年工作会议

《天一阁藏历代方志汇刊》编纂
座谈会

9月，社长方自金带队访问了日本东洋文库及日本国立国会图书馆，就其馆藏《永乐大典》仿真影印出版事宜，达成合作意向。

11月1日，"《中国古籍珍本丛刊·河南大学图书馆卷》新书发布暨馆藏文献整理座谈会"在河南大学图书馆举行；2日，召开"历史文化名城馆藏开发暨资源建设研讨会"，中国图书馆学会编译出版委员会图书馆馆藏开发与出版专业委员会的代表出席会议。

11月25日，"中国图书馆学会第九届编译出版委员会成立暨2016年工作会议"在京举行。第九届编译出版委员会挂靠国家图书馆出版社，主任由社长方自金职务出任。

12月28日，与天一阁博物馆联合主办的"《天一阁藏历代方志汇刊》编纂座谈会"在国家图书馆出版社弘文堂举行。

本年，古籍馆二号楼（学思楼）完成装修改造并投入使用，办公条件得到明显改善。

本年，《文献为证：钓鱼岛图籍录》获第六届中华优秀出版物奖图书提名奖。

本年，组织开展首届"弘文图书奖"评选活动，通过社内投票及微信公众号网络投票，最终评出"弘文图书奖（影印类）"一种、提名奖两种；"弘文图书奖（排印类）"一种、提名奖两种。

本年，"民国图书数据库（二期）"上线运行。

《文献为证：钓鱼岛图籍录》
获奖证书

2017 年

2 月 15 日，由国家图书馆出版社、曲阜市文物局联合举办的"孔府档案编纂研讨会"在山东曲阜开幕。

2 月，成立志鉴编辑室（《中华传统文化百部经典》编辑室）。承担新编方志、年鉴，以及《中华传统文化百部经典》编辑出版工作。

4 月 21 日，在第 22 个"世界读书日"来临之际，在北京大学主办"国家古籍保护中心向北京大学古典文献专业师生赠书仪式"，赠送了本社出版的《国学基本典籍丛刊》部分图书。7 月、12 月，国家古籍保护中心继续开展中华优秀传统文化宣传推广活动，陆续向南开大学、天津大学、四川大学师生赠送该套丛刊。

6 月 23 日，"《鲁迅手稿全集》编辑委员会暨专家委员会第一次会议"在国家图书馆召开，标志着《鲁迅手稿全集》编辑出版工作正式启动。文化部党组书记、部长雒树刚，文化部党组成员、国家文物局局长刘玉珠，国家文物局党组成员、副局长关强以及中宣部、文化部、国家文物局相关司局负责人出席会议。国家图书馆、北京鲁迅博物馆、上海鲁迅纪念馆等全国鲁迅手稿收藏单位的代表及鲁迅研究专家参加会议。

6 月，因大兴区整体规划，库房搬迁至房山区石楼镇。

孔府档案编纂研讨会

北京大学《国学基本典籍丛刊》赠书仪式

《鲁迅手稿全集》编辑委员会
暨专家委员会第一次会议

文化部部长雒树刚在《鲁迅
手稿全集》会议上讲话

8月24日，在第24届北京国际图书博览会的2017中国图书海外馆藏影响力报告发布会上，本社再次荣膺"中国图书海外馆藏影响力出版100强"称号。

9月，《中华传统文化百部经典》首批10部图书出版，包括《周易》

"2017中国图书海外馆藏影响力出版100强"证书

《尚书》《诗经》《论语》《孟子》《老子》《庄子》《管子》《孙子兵法》《史记》。该丛书由中宣部等部门支持和指导、国家图书馆组织实施，由著名学者、中央文史研究馆馆长袁行霈担任主编，延请德高望重的大家耆宿担当顾问，众

《中华传统文化百部经
典》首批图书审订出版
工作会议

多专家参与编纂，遴选中华传统文化中最具代表性的100部经典，萃取精华、
赋予新意，深入浅出地进行解读，努力为广大读者提供一套立足学术、面向
大众的古代典籍普及读本。

10月12日，"《中国图书馆史》出版座谈会"在国家图书馆举行。

11月4日，在北京师范大学举行"《历代赋学文献辑刊》新书座谈会
暨'中国古代散文研究文献集成'成果发布会"。

中国历史文献总库

11 月 25 日，由国家古籍保护中心、山东大学儒学高等研究院、国家图书馆出版社共同主办的"《日本藏中国古籍总目》启动仪式暨编纂方案专家审议会"在山东大学召开。

本年，"民国图书数据库（三期）""中华再造善本数据库（二期）"上线运行。完成"中国历史文献总库"的平台建设工作，对古籍、民国图书、档案、报纸、图片等多种历史文献进行整合，建立超大型历史文献平台。

《中国图书馆史》出版座谈会

《历代赋学文献辑刊》新书座谈会暨
"中国古代散文研究文献集成"成果
发布会

《日本藏中国古籍总目》启动仪式
暨编纂方案专家审议会

2018 年

1月，建立出版社工作月报制度。《国家图书馆出版社月报》分党建工作、重点图书、重点工作、重点活动几个板块，由办公室组织编纂，社长每月初签发，反映上个月重点工作及下个月重点计划。

2月，调整内设机构职能，办公室、总编室分设，办公室（党群办公室）增加党建工作职责，总编室（审读室）增加审读职责，事业发展部（资产部）增加资产管理职责。

4月26日，"《清代诗文集珍本丛刊》出版座谈会暨文学文献整理学术研讨会"在国家图书馆古籍馆举行。

6月7日，由上海图书馆、上海师范大学、国家图书馆出版社联合主办的"民国时期文献整理与研究国际研讨会"在上海师范大学图书馆隆重举行。《民国时期图书总目·哲学》新书发布。2015年国家图书馆民国时期文献保护工作办公室启动《民国时期图书总目》编纂工作，拟全面反映"民国时期文献保护计划"实施以来民国文献普查成果，本次发布的《哲学卷》为第一卷，其他卷将在今后几年陆续出版。

7月，选举成立新一届支部委员会，落实中央文化企业行政与党组织班子双向进入。

9月13日，"国家社科基金重大招标项目'《朔方文库》编纂'成果首发式暨出版座谈会"在宁夏大学隆重召开。会议由宁夏大学科技处、人文学院、国家图书馆出版社，宁夏回族自治区"古文献整理与地域文化研究"人文社科重点研究基地联合举办。

10月11日—12日，由国家图书馆（国家古籍保护中心）、广东省文化厅指导，广州市委宣传部、市社科联、市文广新局主办，广州大典研究中心、国家图书馆出版社承办的"地方文献保护与整理出版研讨会"在广州举行。中共广东省委常委、广州市委书记张硕辅，中共广东省委常委、宣传部部长傅华，国家图书馆副馆长、国家古籍保护中心副主任张志清出席开幕式并致辞。

《清代诗文集珍本丛刊》出版
座谈会暨文学文献整理学术
研讨会

《民国时期图书总目·哲学》
新书发布

《朔方文库》出版座谈会

地方文献保护与整理出版
研讨会

"弘扬中华优秀传统文化
和启超家风"系列活动

　　10月20日，为纪念我国近代著名思想家、政治家、教育家、史学家、文学家梁启超先生诞辰145周年，以"弘扬中华优秀传统文化和启超家风"为主题的系列活动在国家图书馆举行，活动包括有广东省江门市新会区人民政府向国家图书馆捐赠梁启超先生铜像，发布《梁启超：永远的少年》《梁启超手稿精粹》，以及举行"中华优秀传统文化和启超家风"研讨会。

　　10月20日—21日，由湖南大学岳麓书院、湖南大学古籍整理研究所、国家图书馆出版社、上海科学技术文献出版社共同主办的第二届"明清书院文献与书院研究"研讨会暨《中国书院文献丛刊》新书发布会在湖南大学岳麓书院举行。

《中国书院文献丛刊》新书发布会　　《孔子博物馆藏孔府档案汇编·明代卷》新书发布会

铁琴铜剑楼"典籍回家"仪式　　《常熟文库》编纂启动仪式

11月26日，"《孔子博物馆藏孔府档案汇编·明代卷》新书发布会暨新时代·新史料·新视角——孔府档案整理、出版与研究学术研讨会"在山东省曲阜市举行。

12月21日，《常熟文库》编纂启动暨铁琴铜剑楼"典籍回家"仪式先后在浙江常熟国际饭店虞山厅和铁琴铜剑楼广场举行。

12月29日，顺利完成公司制改制工作，完成新公司工商登记。

本年，"民国图书数据库（四期）"上线运行，并实现全部上线18万种图书的全文化；"近代报纸数据库（一、二辑）"200种报纸上线，并实现16万篇文章的全文化；"国家古籍资源库"完成平台搭建工作，入库古籍8万种。

2019 年

1 月，根据中宣部出版局和舆情中心（学习强国平台）部署，经多次协调，《中华传统文化百部经典》首批 10 种图书被确定为学习强国平台春节奖品二等奖（5000 套）。2 月，圆满完成配送任务。

5 月 6 日，由浙江图书馆、浙江师范大学合作编纂，国家图书馆出版社出版的"《浙学未刊稿丛编》首批成果发布暨座谈会"在杭州举行。国家出版基金规划管理办公室副主任祁德树、国家古籍保护中心办公室主任林世田、浙江省社会科学界联合会巡视员邵清、中共浙江省委宣传部理论处处长楼胆群、浙江图书馆党委书记徐洁、浙江师范大学副校长钟依均、国家图书馆出版社社长魏崇先后致辞，并为新书揭幕。

7 月 18 日，国家出版基金规划管理办公室主任陈亚明、项目验收专家中华书局总编辑顾青一行六人到国家图书馆出版社，对 2018 年度国家出版基金项目《东亚同文书院中国调查手稿丛刊续编》进行结项验收。国家图书馆党委书记、副馆长魏大威、出版社社长魏崇、总编辑殷梦霞及相关人员参加了会议。会后，结合"不忘初心、牢记使命"主题教育活动，陈亚明主任主持了专题调研座谈。

《中华传统文化百部经典》编纂委员会第二十四次会议

《浙学未刊稿丛编》首批成果发布暨座谈会

《东亚同文书院中国调查手稿丛刊续编》结项验收会议

验收组观看国家出版基金成果样书

"中华传统晒书大会"启动仪式

纪念金兆燕、吴烺诞辰300周年学术研讨会

　　8月6日，由国家图书馆、国家古籍保护中心主办，孔子博物馆、山东省古籍保护中心承办，央视网、（全国）教育书画协会少年分会协办的"中华传统晒书大会"启动仪式在山东曲阜举办。《中国古籍珍本丛刊·孔子博物馆卷》《乾隆御定石经——孝经》和《圣门礼乐志》三种新书发布。

　　8月21日，由政协安徽省全椒县委员会主办、全椒政协文化文史和学习委承办的"纪念金兆燕、吴烺诞辰300周年学术研讨会"在安徽省全椒县举行。《全椒古代典籍丛书》之《金兆燕集》《吴烺集》首发。

"伟大历程 辉煌成就——庆祝中华人民共和国
成立70周年大型成就展"图书展台

"书影中的70年·新中国图书版本展"陈列图书

9月29日，"儒释道珍稀文献"展暨四川大学中华文化研究院成立周年座谈会在四川大学中华文化研究院举行。期间，举行了《蜀学珍稀文献丛刊·成都阳川孙氏文献》揭幕仪式。

10月，按照中宣部出版局部署，《中华再造善本》《古本戏曲丛刊六、七集》《中华传统文化百部经典》《中国图书馆史》等十余种重点图书入选北京展览馆举办的"伟大历程 辉煌成就——庆祝中华人民共和国成立70周年大型成就展"。

同月，《中华再造善本》《古本戏曲丛刊七集》《全国古籍普查登记目录》《中国国家图书馆碑帖精华》《清文海》《文献为证：钓鱼岛图籍录》六种图书亮相中宣部主办的"书影中的70年·新中国图书版本展"。

12月3日，"国家图书馆出版社四十周年出版座谈会"在古籍馆临琼楼召开。来自北京大学、中国人民大学、中国社会科学院、中国第一历史档案馆、中华书局、人民文学出版社等高校、科研单位、文化机构的知名专家、学者共40余人出席会议。国家图书馆馆长饶权、党委书记魏大威，中宣部出版局副局长、古籍办副主任许正明，中国编辑学会会长郝振省，国家出版基金规划管理办公室监管处处长刘兰肖莅临会议并讲话，中国出版协会古籍出版工作委员会主任、中华书局总经理徐俊出席会议并做总结发言。座谈会期间，

国家图书馆出版社四十周年出版座谈会

礼聘学术顾问仪式

《国家珍贵古籍题跋丛刊》揭幕仪式

举行了国家图书馆出版社学术顾问礼聘仪式，延聘与本社出版方向相关的、长期关心、支持出版社事业发展的文史学界、图书馆学界学术大家和部分中青年知名学者为出版社学术顾问，对出版社办社方向和出版导向、中长期发展战略、重大选题提供决策咨询意见。程毅中、袁行霈、吴慰慈、李致忠、陈其泰、安平秋、王耀华、陈祖武等学界名宿，以及桑兵、舒大刚、刘跃进、廖可斌等知名学者共26人，被聘为首批国家图书馆出版社学术顾问。会议期间还举行了国家出版基金项目《国家珍贵古籍题跋丛刊》揭幕仪式。

本年，《中华传统文化百部经典·第一辑（10册））》荣获第七届中华优秀出版物奖图书奖，《国家图书馆藏样式雷图档·圆明园卷初编》荣获第七届中华优秀出版物奖图书提名奖。

本年，"民国图书数据库（五期）"上线运行，新增2万种图书，该库累计上线图书20万种，并可实现全文化检索；"近代报纸数据库（三辑）"新增100种报纸上线，实现哈佛大学、耶鲁大学、加州大学等海外知名大学销售；新上线"近代期刊数据库"，收录4000余种期刊，其中独家数据1000余种。

四十年四十书

国家图书馆出版社
四十周年纪念

1980

中国图书馆图书分类法系列

《中国图书馆图书分类法》(以下简称《中图法》)是新中国成立后编制的一部具有代表性的大型综合性图书分类法,由北京图书馆和中国科学技术情报研究所等 36 个单位,以四年时间编制而成。作为知识分类与组织的工具,是我国图书情报机构广泛使用的类分图书的权威工具书。为保持与知识和学科发展同步,跟上科学技术发展的步伐,《中图法》基本保持了 10 年一次大修的修订频度,不断地规范类目,完善参考系统、注释系统,调整类目体系,增修复分表,增强类目的扩容性和分类的准确性。1975 年出版了第一版,1979 年组成了《中国图书馆图书分类法》编委会,负责分类法的管理和修订。1980 年出版了第二版,**并在 1985 年 10 月荣获国家科学技术进步奖一等奖**。除了《中图法》纸质版和电子版、Web 版,本社还同步推出《中图法》简本、少儿图书馆版、《中国分类主题词表》、《期刊分类表》等《中图法》系列产品,同时,为促进我国图书情报机构资源组织建设标准化、规范化,引进出版 ISBD、AACR 各版本和借鉴这些标准编制的具有中国文献特点的《中国文献编目规则》《新版中国机读目录格式》等。

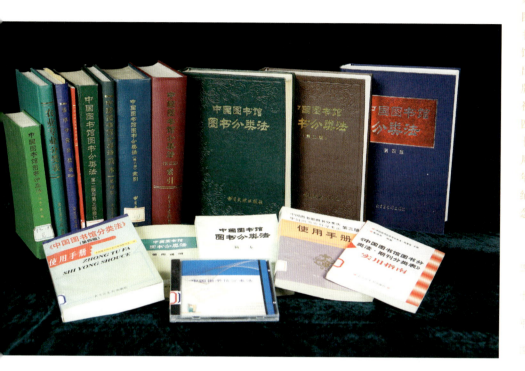

图书馆学概论

　　1985 年 11 月出版。吴慰慈、邵巍编著。本书作为电大教材出版，在国内图书馆界影响较大。作为图书馆学基础理论著作，出版后根据社会环境变化和信息技术进步不断修订，自 2002 年修订本起，由吴慰慈、董焱负责修订工作，2002 年修订本获评 21 世纪高等学校核心课程教材，2008 年的修订二版获评普通高等教育"十一五"国家级规划教材和"十一五"规划高等学校核心课程教材，2019 年 3 月出版第四版。**本书第一版荣获第一届中国图书馆学会图书馆学情报学科研成果奖一等奖。**

民国时期总书目（全二十一册）

　　1986—1998 年陆续出版。北京图书馆编，田大畏总编。本书目收录 1911 年至 1949 年 9 月我国出版的中文图书（不收录期刊、我国少数民族文字图书、外国驻华使馆等机构印行的图书、线装书），约 10 万余种，著录包括流水号、书名、著者、出版形态、丛书、提要附注、馆藏标记。按学科分类、分册编辑出版，参考《中国图书馆图书分类法》分类，再依据"出版年月""著者"和"书名"三个项目进行编排。各学科都附有拼音字母为序的书名索引以及笔画检索表。胡愈之书名题字。

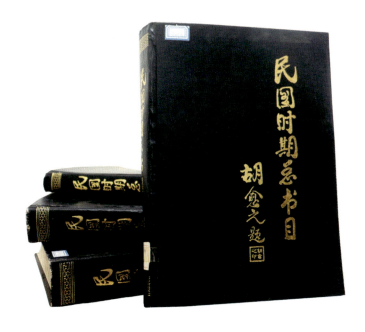

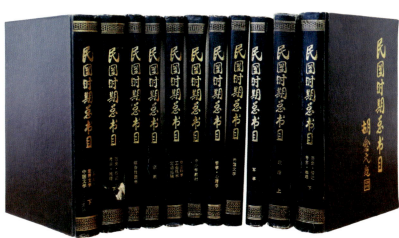

北京图书馆古籍善本书目（全五册）

　　1987 年出版。本书目是继《学部图书馆善本书目》《京师图书馆善本简明书目》《北平图书馆善本书目》《北平图书馆善本书目乙编及续编》《北京图书馆善本书目》之后，由北京图书馆编制并正式出版的第六部善本书目，为纪念新馆落成暨开馆 75 周年而出版。收录北京图书馆自建馆以来陆续入藏的古籍善本书。依经、史、子、集四部分类编排。丛书自为一类，列于子部之下。各部类图书按其不同内容，分别采用不同编排方法。著录包括书名、卷数、著者、版本、稽核、附注等项。除书目 4 册外，另附索引 1 册。包括书名索引和著者姓名索引，依四角号码检字法编排。书前有编例、四角号码检字法、索引字头笔画检字表。启功封面题字。

北京圖書館古籍善本書目
史部
北京圖書館古籍善本書目
子部
北京圖書館古籍善本書目
集部
北京圖書館古籍善本書目
索引
北京圖書館古籍善本書目

北京图书馆古籍珍本丛刊
（全一百二十册）

1989—2000 年陆续出版。北京图书馆古籍出版编辑组编。本《丛刊》共收古籍 473 种，近 8000 卷，分经、史、子、集四部。所收古籍有宋、金、元、明、清各代的刻本，元、明、清三代的抄本、稿本。《丛刊》中近四分之一为北京图书馆独家收藏的孤本。凡已收入《四部丛刊》（商务印书馆出版）的同一版本古籍不再收录。《丛刊》中的方志部分也不与《天一阁藏明代方志选刊》重出。各书分类及版本著录，均据《北京图书馆古籍善本书目》。

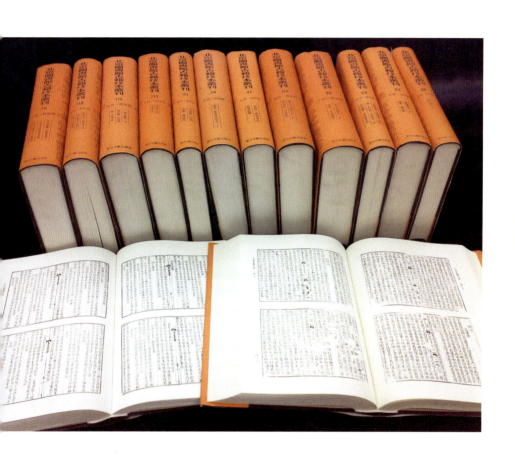

1996

中国历代年谱总录（增订本）

1996 年 5 月出版。杨殿珣编。增订本收《总录》《续录》《三录》，共计收谱 4450 种，参考文献 645 条，反映谱主 2396 人。本书所著录的除名为年谱者外，凡按年谱体例编制的，不论题为编年、年纪、述略、系年等，都包括在内，大都经编者亲自查阅。目录的排列以谱主的生年先后为序。书后还有《待访年谱简目》《谱主姓名别名索引》。本书 2013 年入选国家新闻出版广电总局首届向全国推荐优秀古籍整理图书。

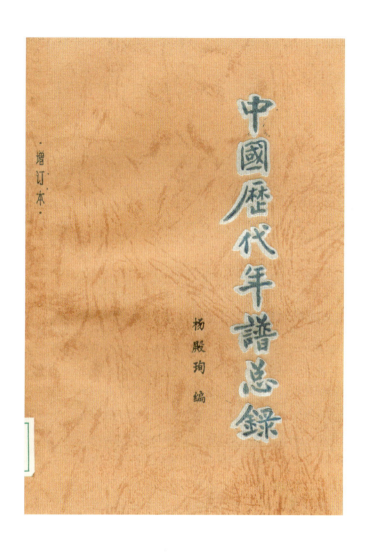

·增訂本·

中國歷代年譜總錄

楊殿珣 編

文渊阁四库全书补遗（集部）（全十五册）

1997 年 7 月出版。杨讷、李晓明编。文津阁《四库全书》竣工于清乾隆四十九年（1784）冬，以次年春夏间送承德避暑山庄文津阁收藏而得名。其成书时间晚于文渊、文溯、文源 3 个阁本，是 7 部《四库全书》的第四部。经校对文渊、文津两个阁本的 1273 种集部书，录下两个阁本在篇、卷上的差异之处竟有 788 种，约占总数的 62%。比较各集的序、跋和附录，差异更大。本书收录历代诗文 4000 余篇，全部辑自文津阁本《四库全书》集部书，为同书之文渊阁本所未见，用补其缺。按原书顺序编排。与《四库全书总目》分集部为 35 卷（不计存目）相对应，分为 35 个部分。书后有著者姓名索引。**本书荣获第四届国家图书奖提名奖，第二届全国古籍整理图书奖一等奖，第五届全国书籍装帧艺术展览封面设计三等奖。**

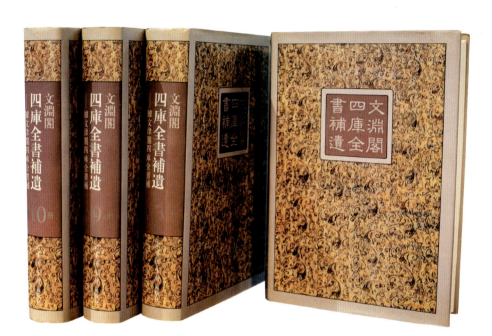

稽古振今 传本弘文

Jigu Zhenjin Chuanben Hongwen

北京图书馆藏珍本年谱丛刊（全二百册）

1999 年 4 月出版。北京图书馆编。本丛刊收入
1996 年以前北京图书馆所藏中国历代人物的线装年
谱，计 1212 种，谱主 1018 人。所收年谱的谱主卒
年大体以 1911 年为下限，个别卒于民国及其以后的
传统文化人士的年谱也酌情收入。另编有《年谱丛
刊详目》，集中著录所收年谱的谱名、卷数、谱主、
撰者及其版本。所收 1200 余种年谱中仅明清稿本、
抄本就占总数的十分之一多。所收年谱中有三分之
一的版本是首次披露面世。其中许多年谱不仅自身
版本珍贵，而且有历代收藏家及学者名人的印鉴、
题跋、校语、批注。本丛刊首册附有 3 种索引：谱
名（含异名）索引、谱主索引和撰者索引，均按笔
画笔形顺序排列，分别注出相应的册次和页码。本
书荣获第三届全国古籍整理图书奖二等奖，首届中
国设计艺术大展装帧一等奖、全场优秀奖。

国家图书馆出版社四十周年纪念

中国蒙古文古籍总目（全三册）

1999 年 12 月出版。本书编委会编。本书收录了全国 180 个藏书单位和 80 位个人所收藏的 1949 年以前中国抄写、刻印的蒙古文文献，分图书经卷、档案资料、金石拓片和期刊报纸 4 部分，共 13115 条，并依照国际和国家标准进行著录，还做了必要的分析、考证，全面反映了中国蒙古文古籍的实际面貌和收藏情况。本书参照《中国图书馆图书分类法》建立了符合蒙古文古籍特点的分类体系，并进行了题名拉丁转写和题名汉译，编制了蒙古文题名、题名拉丁转写、题名汉译索引。**本书荣获第五届中国民族图书奖二等奖。**

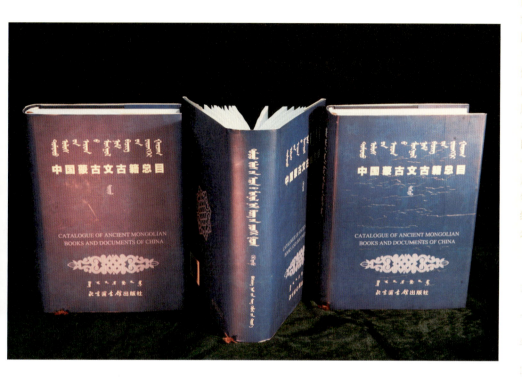

2000

图书馆岗位培训教材

为提高图书馆从业人员的业务水平，增强图书馆从业者的职业素养，应对世纪之交图书馆工作面临的新形势、新问题，文化部图书馆司在全国范围内遴选有丰富实践经验和管理经验的图书馆管理者和实际工作者以及相关专家学者编写了一套用以指导图书馆实际工作的岗位培训教材。本套教材最突出的特点是紧扣图书馆工作实际，又具有一定的前瞻性，内容涵盖图书馆工作的方方面面。本套教材于2000—2001年出版，共有16册，分别为《图书馆工作概论》《参考咨询工作》《图书馆古籍整理工作》《图书馆信息技术工作》《文献编目工作》《乡镇图书馆工作》《少年儿童图书馆（室）工作》《图书馆地方文献工作》《图书馆业务研究与业务辅导》《文献资源建设工作》《文献标引工作》《文献信息开发工作》《连续出版物工作》《图书馆管理工作》《图书馆规章制度选编》《读者工作》。

稽古振今 传本弘文

中国国家图书馆碑帖精华（全八册）

2001 年 12 月出版。国家古籍整理出版资助项目。任继愈主编，启功担任总顾问，并撰写总序。本书从中国国家图书馆数十万件碑帖藏品中认真勘核，再经启功先生等著名金石书画鉴定专家精心遴选，共精选上起秦汉碑碣，下至两宋刻帖 41 种 80 余件善拓碑帖，其中有近 30 种是宋、明拓本或初拓本，价值不凡，弥足珍贵。本书诚邀海峡两岸暨香港著名学者、书法家、金石学家 57 位，分别为碑帖撰写题跋，并依手书墨迹影印，堪称古今艺术合璧。**本书荣获第十三届中国图书奖，首届中国书法兰亭奖编辑出版奖，2001 年全国十大文博考古最佳图书。**

2001

地方志人物传记资料丛刊

2001—2016年陆续出版。国家图书馆编。本《丛刊》部分获得国家古籍整理出版资助。其选编内容包括方志中各类人物传记资料，如名宦、乡型、乡宦、仕进、孝友、节烈、耆旧、寿民、方技等，以及与人物有关的各类表志和艺文志、金石志中的墓志、碑记、传诔等，举凡与人物有关的内容，尽数囊括其中；所收人物传记资料的时限远及上古，下迄民国。《丛刊》按全国行政区划分为西北、东北、华北、华东、华中、华南、西南七大卷，网罗方志近3000种，而在编辑过程中参照的方志更多达6000种，涉及人物近千万。具体分为：《西北卷》（全二十册）、《东北卷》（全十二册）、《华北卷》（全六十六册）、《华东卷》上编（全八十册）、《华东卷》下编（全一百七十五册）、《西南卷》（全八十二册）、《华南卷》（全五十一册）、《华中卷》（全一百册）。另编制有人名索引单行本。**本《丛刊》荣获第六届全国书籍装帧艺术展览优秀奖。**

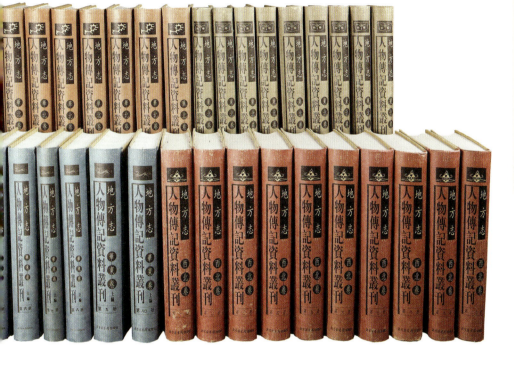

詩集傳

廿卷　三册

2002

中华再造善本

　　该项目是"十五"国家重点图书出版规划项目，文化部、财政部立项重点文化工程。工程将分藏于国家图书馆、公共和高校图书馆、博物馆的珍贵古籍善本，通过大规模、成系统地仿真影印出版，合理保护、开发、利用善本古籍，使其化身千百，为学界所用，为大众所共享。项目自 2002 年 5 月正式启动，至 2014 年 10 月全部完成，出版"唐宋编"442 种 826 函 5631 册另 2 轴、"金元编"316 种 568 函 3343 册、"明代编"323 种 568 函 2635 册、"清代编"229 种 376 函 1675 册另 2 轴、"少数民族文字古籍编"29 种 37 函 104 册另 1 轴、"唐宋补遗"2 种 2 函 7 册，共计 1341 种 2377 函 13395 册。本丛书出版后，在财政部、教育部、文化部等机构的支持下，配送至 32 家全国省级以上公共图书馆及全国 110 所重点高校图书馆，极大地弥补了公共图书馆和高校图书馆馆藏古籍的不足，支持了高校文史哲学科的发展，方便了阅读和研究的使用，对教育教学、文化学术研究起到了积极的促进作用，受到学界及广大读者的热烈欢迎。**工程一期（"唐宋编""金元编"）荣获 2005 年度优秀古籍图书奖荣誉奖。**

2003

部级领导干部历史文化讲座

2003 年至今陆续出版。"部级领导干部历史文化讲座"（以下简称"讲座"）由中央国家机关工委、文化部、中国社会科学院联合主办，国家图书馆承办。2002 年举办首场。"讲座"一般每月一期，全年 12 期结集为一册。"讲座"旨在落实党中央、国务院关于加强领导干部学习的有关要求，帮助中央和国家机关以及北京市、解放军在京单位的部级领导干部进一步了解中国和世界的历史与文化，拓宽人文视野，以史为鉴，增强治国理政能力。"讲座"的内容主要分为历史、文化、艺术、社会经济、民族宗教、时事政治等六大系列。"讲座"选题策划一般考虑把握学术动态和热点，把握部级领导干部需求，汲取各方智慧；以历史文化为主题，突出时代特点，突出理性思考，充分体现新成果。主讲人均为相关领域公认的最有影响和造诣的资深专家，要求学识渊博且善于表达。**《部级领导干部历史文化讲座——图文全本·艺术卷》《部级领导干部历史文化讲座——图文全本·资政卷》分别荣获 2010 年度、2011 年度全行业优秀畅销品种。**

2004

永乐大典

2004 年至今陆续出版。"海外藏《永乐大典》仿真影印回归项目"列入 2011—2020 年国家古籍整理出版规划，国内版和海外版多个子项目获国家古籍整理出版资助。今存世《永乐大典》约 400 余册 800 余卷，仅及原书的百分之四。除中国外，还散藏在英国、德国、爱尔兰、美国、日本等国家和地区的公私收藏机构中。本社目前共计完成仿真影印本 225 册，包括中国（不含港澳台）所藏 164 册，海外 5 个国家 11 个收藏机构所藏共 61 册，如大英图书馆藏 24 册，德国柏林国家图书馆藏 1 册，美国汉庭顿图书馆藏 1 册，日本国会图书馆藏 1 册。其余《永乐大典》计划陆续仿真影印出版。《德国柏林民族学博物馆藏〈永乐大典〉》获 2017 年度全国优秀古籍图书奖二等奖。

2005

国家图书馆藏敦煌遗书（全一百四十六册）

2005—2012 年陆续出版。"十五"国家重点图书出版规划项目，国家古籍整理出版资助项目。该书由任继愈担任主编，方广锠为常务副主编，李际宁、张志清为副主编。敦煌遗书具有极高的文物价值、文献价值与文字价值。该书共收录中国国家图书馆所藏全部 16000 余件敦煌文献。这些文献不但在文物绝对量或文字绝对量上占据世界第一位，而且在质量上也足以与世界上任何一个敦煌遗书收藏机构媲美。本次国家图书馆将馆藏敦煌遗书全部重新拍摄，统一编号，全部公开，对敦煌遗书的文献研究、文物研究与文字学研究具有重要价值，是敦煌学研究、中古史研究、文献学研究、宗教学研究必不可少的第一手资料。

国家图书馆出版社四十周年纪念

四十年四十书

2005

著名图书馆藏稀见方志丛刊

2005 年至今陆续出版。国家古籍整理出版"十一五"重点规划项目，多个子项目获国家古籍整理出版资助。《丛刊》收录国内外收藏单位在 5 家以内（个别大馆为 2 家以内）的稀见方志，已出版 27 家著名图书馆收藏的 1525 种稀见方志，成书精装 1658 册，为我国稀见旧志的整理与保护提供了极大方便。《上海图书馆藏稀见方志丛刊》《南京图书馆藏稀见方志丛刊》《北京大学图书馆藏稀见方志丛刊》等多个项目荣获全国优秀古籍图书奖。

老子绎读

2006 年 12 月出版。任继愈著。任继愈先生曾在 50 年间，四次翻译和注释《老子》，期间不断修订与完善，足见其治学之严谨，研究用力之深。本书是其最后一次译注的成果：以王弼本为底本，参以帛书本、竹简本校之，配以简明的释文和精练的题解，寥寥数语，尽显大家风范。**本书入选国家新闻出版广电总局"首届向全国推荐中华优秀传统文化普及图书"，获第十一届文津图书奖年度特别推荐奖，2006 年度优秀古籍图书奖一等奖。多次重印再版。**

民国文献资料丛编

2007 年至今陆续出版。本丛编邀请各领域知名专家参与选目，保证了史料的专业性；收录的内容多为珍稀文献、重要史料，有相当一部分为首次披露或集中整理。截至 2019 年 9 月，共出版 155 种民国专题史料，总计 5362 册，收录民国图书、期刊、档案等文献 10000 余种，在海内外产生了广泛的影响。本系列作为专题史料的汇辑，出版的重要门类有：出版、发行目录，年鉴、索引类工具书，人物年谱，政府公报，调查、统计资料，军事档案，以及边疆、交通、金融、贸易、人口、外交、赈灾、华侨、宗教、教育、新闻、地方史等，全方位反映民国历史，同时还出版了重大历史题材相关文献资料，如《辛亥革命稀见文献汇编》等。

国家图书馆出版社四十周年纪念

蔚 十 年 四 十 年

2008

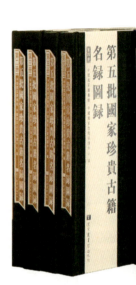

第一至五批国家珍贵古籍名录图录

2008—2016 年陆续出版。中国国家图书馆、中国国家古籍保护中心编。该系列丛书是依据国务院陆续批准颁布的第一至五批《国家珍贵古籍名录》编撰而成的大型珍贵古籍图录。入选古籍总数达到 12274 部，其中，汉文古籍共计 11209 部，少数民族文字古籍共计 16 个文种 1039 部，其他文字古籍 26 部。《第一批国家珍贵古籍名录图录》荣获第三届中华优秀出版物图书奖，2008 年度优秀古籍图书奖二等奖；《第四批国家珍贵古籍名录图录》荣获 2014 年度全国优秀古籍图书奖二等奖。

脂砚斋重评石头记汇校汇评（全三十册）

　　2008 年 4 月出版。冯其庸主编。本书是著名红学家冯其庸先生倾 30 年心血编集而成。全书以北京大学图书馆藏抄本《脂砚斋重评石头记》（庚辰本）为底本，列为首行，用国家图书馆藏《脂砚斋重评石头记》（己卯本）等 12 种脂评本汇校，凡正文之异文，均予列出。通过汇校，揭示出各种本子正文之间的关系，以明其渊源。汇评则汇集各种本子的脂砚斋、畸笏叟及其他人等的批语，以供综合研究。冯其庸封面题字。**本书荣获 2008 年度优秀古籍图书奖一等奖。**

清文海（全一百零六册）

　　2010 年 6 月出版。国家古籍整理出版"十五""十一五"重点规划项目，高校古委会"七全一海"之一，国家古籍整理出版资助项目。南开大学古籍与文化研究所编。《清文海》是接续《全宋文》《全元文》系列的大型断代文章总集，总计收入清代作者 1576 人，文章约有 18383 篇。规模宏大，内容丰富。有清一代较为重要的学者、文学家、思想家、政治家之要文佳作，大抵收揽其中，具有反映清代社会文化全貌，促进学术史、文化史、思想史、文学史、社会史、文献学等研究深入开展的作用。本书荣获 2010 年度全国优秀古籍图书奖一等奖。

《子藏》系列

　　2011 年至今陆续出版。华东师范大学"985"工程重大课题。华东师范大学先秦诸子研究中心方勇总编纂，吴平副总编纂。本系列坚持既"全"且"精"的编纂原则，充分整合以国家图书馆为代表的海内数十家图书馆及其他文献收藏机构的善本资源，底本择优择善，内容系统全面，是全国图书馆界、文献收藏界一次古籍善本再生性保护联合行动的成功实践。《子藏》的编纂分为两部分：一是搜集影印自先秦至民国末年所有存世的先秦汉魏六朝诸子白文本和历代诸子注释、研究专著；二是为每种著述撰写提要，考述著者生平事迹，揭示著作内容，探究版本流变情况。已出版《庄子卷》《老子卷》等共计 21 部，精装 16 开 633 册，收录各种文献 2038 种。同时，计划配套出版各卷书目提要。

131

哈佛燕京图书馆藏齐如山小说戏曲文献汇刊
（全五十一册）

　　2011 年 12 月出版。哈佛燕京图书馆、国家图书馆出版社编。著名戏曲理论家和作家齐如山一生收藏有大批戏曲曲本和古代小说，其精华 70 余种现藏于美国哈佛燕京图书馆，这批戏曲和小说大多数刊刻于明代，由于当时政府采取的禁毁政策，所以其中一些文献的版本流传稀少，非常珍贵，有些甚至是孤本。如明冯梦龙编撰的《墨憨斋新编绣像醒名花》、烟霞逸士编次《新镌批评绣像巧联珠》，丁耀亢撰《西湖扇传奇》等，文献、版本价值都很高；再如题为明朱鼎臣编辑的《新锲三国志传》，上图下文，代表了明万历末期建阳刻书的风格，其传本极少，仅知英国伦敦另存一部；又如明末写刻本《剿闯小说》，书前有精美插图，书中有齐如山手跋，流传绝少，至为珍贵。**本书荣获 2011 年度全国优秀古籍图书奖二等奖。**

2012

芷兰斋书跋系列

2012 年至今陆续出版。韦力著。"芷兰斋书跋系列"计划出版 12 部，目前已出版 5 部。每部收录作者所藏重要明清精椠名抄 30 余部，在向读者展示善本秘籍的同时，在版本著录与鉴定上，承继书志学的优良传统，从版式、行款、字体、刀刻、纸张、墨色、装帧、序跋、印章等方面确定雕版年代，审定版本之优劣，包含着作者多年的研究心得。除此之外，还讲述了每种图书背后所隐含的逸闻趣事，几乎每一部书都有新知创见，足以增广见闻。作者还为每部书精选若干幅具有代表性的书影，图文并茂，可谓内容极其丰富的书志学佳作。

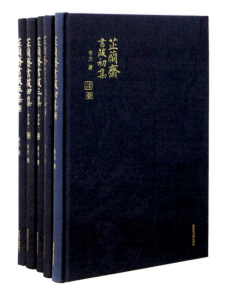

原国立北平图书馆甲库善本丛书（全一千册）

2013 年 7 月出版。中国国家图书馆编。"十二五"国家重点图书出版规划项目，国家出版基金项目。成书 1000 册。原国立北平图书馆善本丛书，系以清学部图书馆所收内阁大库旧藏为基础，益以江南旧家藏书、敦煌经卷、文津四库以及平馆成立后学人苦索冥搜之南北收藏家所藏旧椠精抄，裒裒皇皇，蔚为大观。"九一八事变"后，为保证北平国有文物和珍贵图籍的安全，国民政府指示故宫博物院、北平图书馆（国家图书馆前身）等机构，将所藏珍贵文物、善本图书南运。1940 年 10 月至 1941 年 12 月太平洋战争爆发前，王重民等从暂存于上海的善本中精选部分图书，总计 102 箱 2954 种 20970 卷，分批转运美国，寄存于美国国会图书馆。作为酬答，北平图书馆允准美国国会图书馆将寄存善本摄制微缩胶卷。抗战胜利后，这批运美善本则于 1965 年 11 月转运台湾，现存台北故宫博物院。2010 年，国家图书馆决定利用自身收藏的平馆藏书缩微胶卷，编纂出版《原国立北平图书馆甲库善本丛书》。最终收录宋、元、明、清珍稀文献 2621 种。甲库善本是中华典籍文化聚散流变、悲欢离合的缩影，典籍的命运和国家、民族的命运始终不离，凝聚着中国人的情感、中华民族的屈辱和中华今天的崛起。

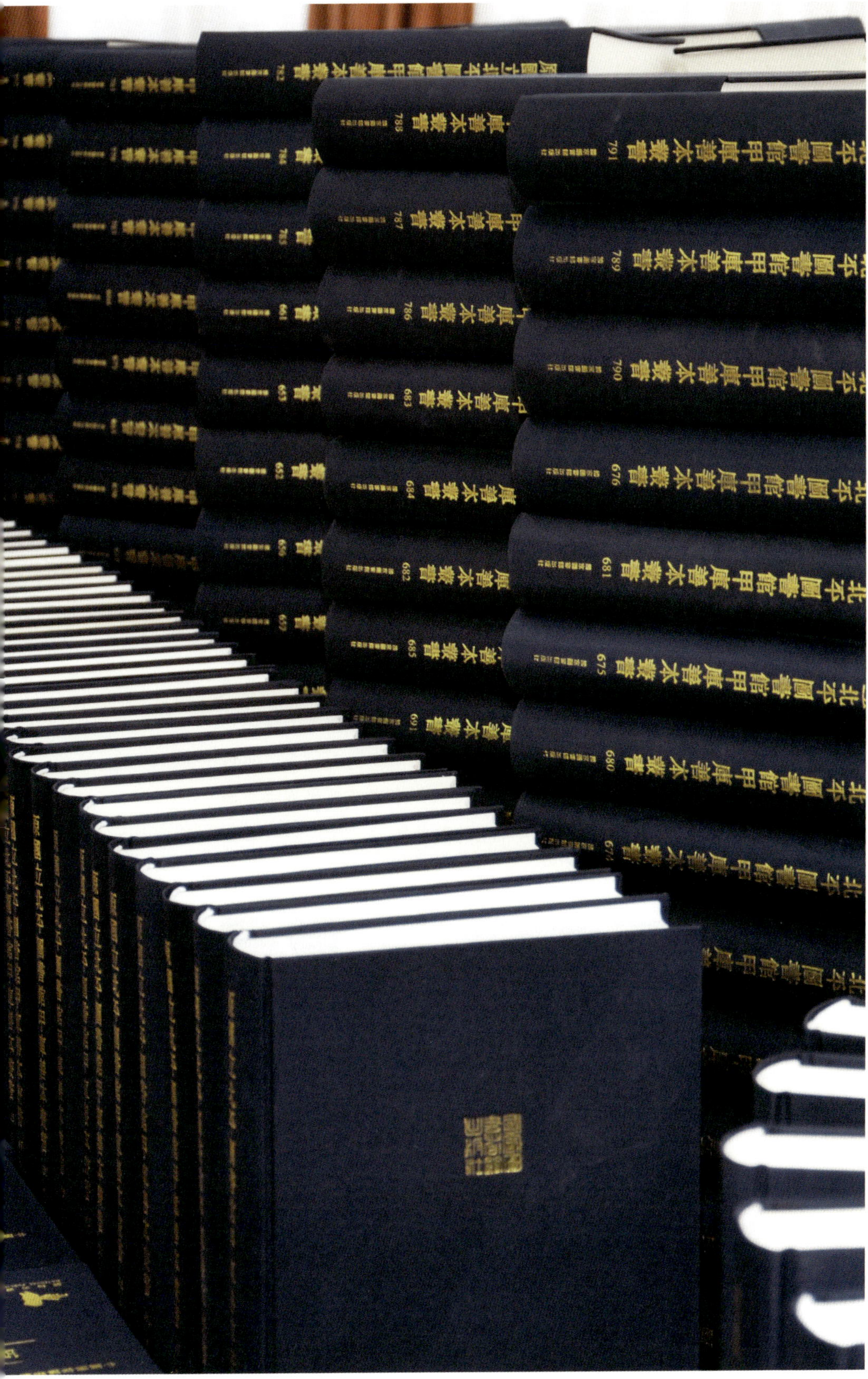
北平圖書館甲庫善本叢書

2013

远东国际军事法庭庭审记录（全八十册，索引、附录三册）

　　2013 年 7 月出版。东京审判文献丛刊委员会编。本书与上海交通大学出版社联合出版，是 2013 年度国家出版基金项目，民国时期文献保护计划成果。《远东国际军事法庭庭审记录》为 1946 年 5 月 3 日至 1948 年 11 月 12 日的庭审记录，内容包括法庭成立、立证准备、检方立证、辩方立证、检方反驳立证、辩方再反驳立证、检方最终论告、辩方最终辩论、检方回答、法庭判决的全过程。本书的出版，将东京审判的全过程展现在人们面前，这是通向远东国际军事法庭审判，消除歧见与争论的有效途径，也是驳斥"东京审判史观""远东国际军事法庭非法论"等日本右翼保守势力歪曲和否认侵华史实言论的强有力的武器与佐证，有助于在整理、保护珍贵历史文献，推动对东京审判的关注与研究的基础上，为解决现实争端提供历史依据与法理依据。**本书荣获第五届中华优秀出版物奖图书奖，2014 年上海图书奖。**

2014

全国古籍普查登记目录

　　2014年至今陆续出版。"中华古籍保护计划"阶段性成果。全国古籍普查登记工作是全面了解全国古籍存藏情况、建立古籍总台账、开展全国古籍保护的基础性工作。全国古籍普查登记工作的中心任务是通过每部古籍的身份证——"古籍普查登记编号"和相关信息，建立国家古籍登记制度，加强各级政府对古籍的管理、保护和利用。全国古籍普查登记工作利用"全国古籍普查登记平台"建立全国古籍普查基本数据库。在古籍普查登记基础上，由省级古籍保护中心组织本地区各古籍收藏单位编纂出版馆藏古籍普查登记目录。截至2019年9月，《全国古籍普查登记目录》累计出版84种，包含299家收藏单位，总计86万余条数据，成书127册。

文献为证：钓鱼岛图籍录

　　2015 年 4 月出版。国家图书馆中国边疆文献研究中心编。本书是"国家图书馆中国边疆文献文库"以海疆海域为专题开展边疆文献研究的首个成果。全书包括"钓鱼岛及其附属岛屿概况""古代文献中的钓鱼岛""中外舆图中的钓鱼岛"与"近代以来文献中的钓鱼岛"四部分，共计收录文献 130 余种、图片近 260 幅，系统梳理了从古到今有关钓鱼岛较为重要的文献，其中不乏部分此前鲜见的文献，从而丰富和补充了既往研究成果，进一步论证了无论从历史、地理还是从法理角度来看，钓鱼岛都是中国的固有领土，中国对其拥有无可争辩的主权。**本书荣获第六届中华优秀出版物奖图书提名奖。**

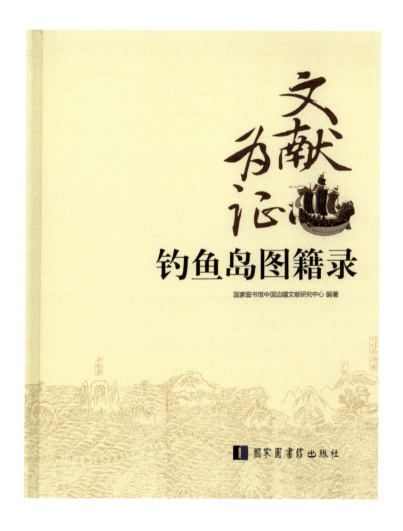

文献为证

钓鱼岛图籍录

国家图书馆中国边疆文献研究中心 编著

国家圖書館出版社

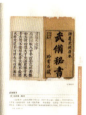

2015

《清代家集丛刊》及续编

　　2015 年、2018 年出版。国家社会科学基金重点项目成果，国家古籍整理出版资助项目。徐雁平、张剑主编。该书从近千种清代家集（家族诗文集汇刻）中选辑重要者 360 多种，以区域排序，汇为一编，入选者皆为数代书香之家，绵延不绝。每辑含提要、索引一册，成书 402 册，是研究清代家族文学、文献以及家风、家学的重要资料。《清代家集丛刊》荣获 2015 年度全国优秀古籍图书奖一等奖。

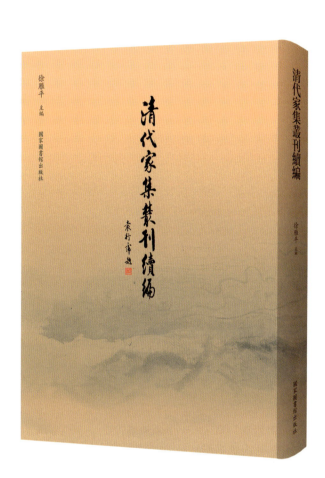

徐雁平 主編

國家圖書館出版社

清代家集叢刊續編

2016

国学基本典籍丛刊

　　2016 年至今陆续出版。该项目由国家古籍保护中心与国家图书馆出版社共同策划，邀请山东大学教授、长江学者杜泽逊先生审定选目。计划影印出版中国传统文化经典著作 100 种，底本均是存世的宋元名椠、明清佳刻。目的是让更多的读者看得见、买得起、读得动这些深藏秘阁大库的善本，推广元典阅读，让它们与普通读者零距离；让读者在阅读和收藏过程中充分得到美的享受；让广大读者（包含中小学生）直观了解古籍的面貌。该丛刊自 2016 年 4 月出版以来，持续受到媒体关注和读者欢迎。截至 2019 年 9 月，已累计出版 73 种 440 册。国家古籍保护中心先后向北京大学、南开大学、天津师范大学、天津大学、四川大学、湖南大学、曲阜师范大学、孔子研究院、铁琴铜剑楼等高校和研究机构师生赠送部分《国学基本典籍丛刊》。

红楼梦图咏

宋本大学章句　宋本中庸章句

宋思溪藏本大唐西域记

宋本老子道德经

宋本老子集注

宋本周易

宋本扬子法言

宋本方言

宋本周易

宋淳熙刊本文选

金刊本庄子全解

宋本论语集注

国家图书馆藏样式雷图档

　　2016年至今陆续出版。国家图书馆编。"十五"国家重点图书出版规划项目，2011—2020年国家古籍整理出版规划项目，国家古籍整理出版资助项目。新闻出版改革发展项目库入库项目，中央文化产业发展专项资金项目。已出版圆明园卷初编、续编，颐和园卷，香山玉泉山卷，清西陵卷共计52函。2007年入选世界记忆名录的"中国清代样式雷建筑图档"，是全世界现存规模最大、体系最完整、内容最丰富的古代建筑图像资源，充分彰显了中国古代建筑的非凡智慧，凸显出其对于人类文明历史的无与伦比的价值和意义。《国家图书馆藏样式雷图档·圆明园卷初编》荣获第七届中华优秀出版物奖图书提名奖，2016年度全国优秀古籍图书奖一等奖；《国家图书馆藏样式雷图档·圆明园卷续编》荣获2017年度全国优秀古籍图书奖二等奖。

国家圖書館藏 樣式雷圖檔 9

國家圖書館藏 樣式雷圖檔 10

國家圖書館藏 樣式雷圖檔 8

國家圖書館藏 樣式雷圖檔 5

國家圖書館藏 樣式雷圖檔 6

國家圖書館藏 樣式雷圖檔 7

國家圖書館藏 樣式雷圖檔 3

國家圖書館藏 樣式雷圖檔 2

國家圖書館藏 樣式雷圖檔 4

2016

古本戏曲丛刊（六、七、八集）

　　2016 年至今陆续出版。中国社会科学院文学研究所编。2011—2020 年国家古籍整理出版规划项目，国家古籍整理出版经费资助项目。《古本戏曲丛刊》是新中国成立以来最重要的古籍文献整理工程之一，目标是编纂一部系统完备的中国古代戏曲总集。1953 年，时任北京大学文学研究所（中国社会科学院文学研究所前身）所长的郑振铎先生提出《丛刊》编纂设想，并组织本所专家选目落实。《丛刊》拟按文献类型及时间顺序，收录《西厢记》及元明戏文、明清传奇、元明清杂剧，并及曲选、曲谱、曲目等。1987 年《古本戏曲丛刊五集》出版后，后续几集迟迟未能编纂。直到中断 26 年之后，2013 年重新启动。2016 年、2018 年，六集（十七函一百八十册）、七集（十四函一百七十册）陆续出版，八集也即将出版。《古本戏曲丛刊六集》荣获 2016 年度全国优秀古籍图书奖二等奖。

中国社会科学院近代史研究所藏"满铁剪报"类编：
第一、二辑（全二百册，总目六册）

　　2016—2017 年出版。国家出版基金项目。中国社会科学院近代史研究所编。"满铁剪报"是日本情报机构"满铁"调查部集数百人的力量、持续近 30 年（1918—1945）而未间断的专题剪报，选用近 170 份中、西、日文报刊，共分 20 余大门类、近百个小门类，将涉及中国（此外还涉及日本、朝鲜半岛）的相关文章等剪裁下来，是世界范围内迄今为止涉及 20 世纪 20—40 年代中国及东北亚问题的采集范围最宽、分类最齐全、数量最庞大的资料剪报。满铁剪报长期保存在中国社会科学院近代史研究所，因其独特性、唯一性且数量庞大，只能在该所内提供给学者阅览，因而未能得到学界的充分利用。对新闻报道进行了归类，是满铁剪报的最大价值之所在。此次按专题分类整理影印出版，对每条剪报（包括中、日、英、德、法、俄等文种）逐一进行编目，录入题名、时间、剪报来源等信息，必将为东北亚近现代史、近现代中日关系史和中国东北地方史研究提供极为珍贵的第一手资料。第一辑收 Q 类（政治、外交、军事、国际一般），涉及日本向东北的移民与开拓、世界粮食问题、国际政治争端、日本的外交方针、华北自治运动、西南反蒋运动、国民党内部争斗等专题内容；第二辑收小开本 A（政治、经济）、B（工业经济、教育状况）、C（经济一般）、D（农林畜水产）、E（畜产业）、F（工业部门经济）类，涉及日本战时经济政策、世界经济形势、货币金融、日本对华北的农业掠夺等专题内容。

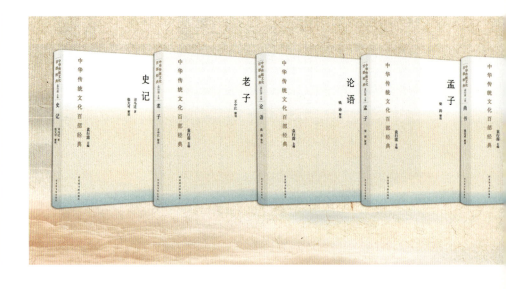

中华传统文化百部经典

　　2017 年至今陆续出版。"十三五"国家重点图书出版规划项目，国家社会科学基金重大委托项目。该项目是中共中央办厅、国务院办公厅印发的《关于实施中华优秀传统文化传承发展工程的意见》的重要组成部分。在中宣部支持指导下，由文化部委托国家图书馆组织实施。著名学者、中央文史馆馆长袁行霈担任编纂委员会主任委员。该套书着眼中华优秀传统文化的创造性转化、创新性发展，从浩如烟海的传统文化典籍中精选100部具有代表性的经典著述，时间上起先秦，下迄辛亥革命，涵盖政治、经济、文化、社会、历史、生态等内容，由国内权威学者采取大众化品读导读的方式，萃取精华，赋予新意，深入浅出地进行解读，推动传统经典普及传播，更好地服务当代、面向未来。已出版《周易》《诗经》《论语》《孟子》《老子》《庄子》《尚书》《管子》《史记》《孙子兵法》《墨子》《左传》《吕氏春秋》《韩非子》《传习录》《楚辞》《荀子》《论衡》《史通》《贞观政要》20 种图书。《中华传统文化百部经典·第一辑（10 册）》荣获第七届中华优秀出版物奖图书奖，第十三届文津图书奖，2017 年度全国优秀古籍图书奖普及读物奖。

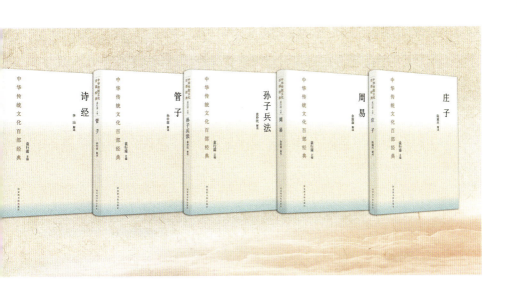

清代诗文集珍本丛刊（全六百册，总目二册）

2017 年 9 月出版。2011—2020 年国家古籍整理出版规划项目，国家出版基金项目。陈红彦、谢冬荣、萨仁高娃编。收录国家图书馆珍藏的 1339 种诗文集文献，其中稿抄本文献 536 部，刻本 682 部，活字本 19 部。作者上起明末清初，下迄晚清民初，深刻反映了有清一代社会历史的整体面貌和发展脉络。本丛刊所收文集内容涵盖丰富，四书五经、文字音韵、历史地理、政治经济、军事外交、学术文化、文学艺术等无所不及，所论则古今中外，包罗万象。本书荣获 2017 年度全国优秀古籍图书奖一等奖。

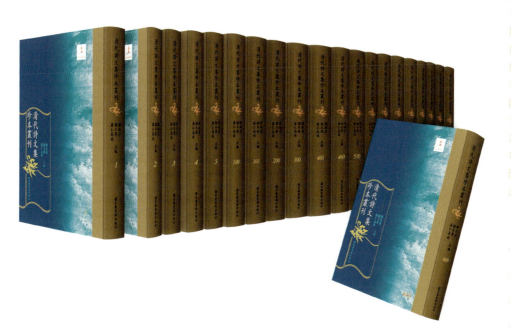

天一阁藏历代方志汇刊（全八百五十册）

　　2017 年 12 月出版。天一阁博物馆编。天一阁是我国乃至亚洲最古老的私家藏书楼，距今已有 450 年的历史，被誉为中国藏书史上的奇迹，是中国藏书文化经久不衰的象征。本《汇刊》囊括了天一阁所藏 515 部 3273 册历代方志，规模宏大。方志所反映的年代自宋元至民国。从地域空间来看，收录了全国 20 多个省区直辖市的方志，涵盖了全国绝大部分地区。天一阁方志中保存了大量明代方志，其中有一批明抄本，如弘治《偃师县志》、正德《新乡县志》、嘉靖《钧州志》等，都是在当时得不到刻本的情况下用蓝格绵纸抄录的，保存至今尤为珍贵。

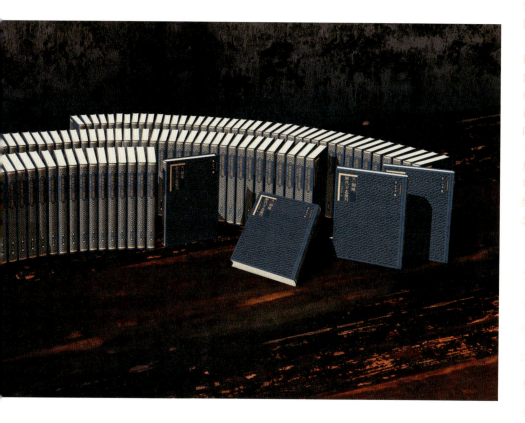

2017

中国图书馆史（全四册）

2017 年 10 月出版。"十三五"国家重点图书出版规划项目，国家社科基金后期资助项目。国家图书馆馆长韩永进担任主编。本书是一部中国图书馆通史，是对先秦至今 3000 多年藏书史及图书馆发展史的全面记录，也是对我国图书馆事业发展成就及经验教训的深刻总结。共分为四卷，即古代卷、近代卷、现当代卷以及附录卷。第一卷古代卷，主编为北京大学信息管理系王余光教授；第二卷近代卷，主编为中山大学资讯管理学院程焕文教授；第三卷现当代卷，主编为武汉大学信息管理学院肖希明教授；第四卷附录卷，主编为国家图书馆研究院院长汪东波研究馆员。**本书荣获第一届中国图书馆史志优秀图书特等奖。**

孔子博物馆藏孔府档案汇编·明代卷（全三册，附录一册）

2018年11月出版。《孔子博物馆藏孔府档案汇编》编纂委员会编。本书是国家社会科学基金重大项目"历代孔府档案文献集成与研究及全文数据库建设"阶段性成果。孔府档案是指原来保存于山东曲阜孔府内历代"衍圣公"在任时期形成的文书档案，其种类包括表笺奏章、朝会纪实、来往公文、族规谱牒、地契账簿、信票告谕等，内容涉及宗族、社会、政治、宗教、经济、法制、建筑及教育等多个层面，时间涵盖明嘉靖十三年（1534）至1948年，总数逾30万件。因其时间长、数量多、内涵丰富、历史久远，而成为研究传统中国社会的珍贵历史文献。孔府档案按时间分为明代、清代和民国档案，此次出版的是明代部分，起自明嘉靖十三年，至崇祯十七年，共62卷248件，包括袭封、宗族、属员、刑讼、租税、宫廷、灾异、资料、文书等九类。**本书荣获全国古籍出版社年度百佳图书（2018）二等奖。**

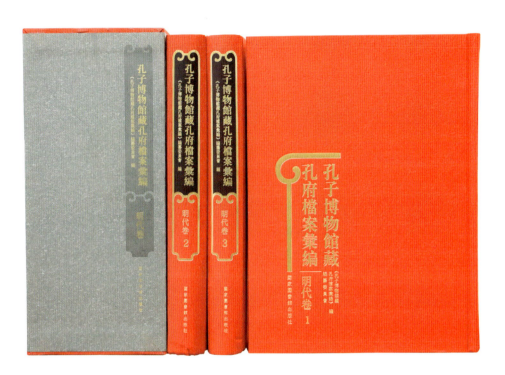

浙学未刊稿丛编

2018 年 10 月出版第一辑。"浙江文化研究工程"（第二期重点项目）、浙江省社科规划优势学科重大委托项目、"中华古籍保护计划"实施精品示范项目、浙江古籍保护重大项目、浙江省优秀传统文化传承保护实施工程项目，第一辑、第二辑获国家出版基金资助。徐晓军、李圣华主编。《丛编》题名"未刊稿"，其义有三：一是浙学文献刻本影印已多，《丛编》专收未影印珍稀本。二是浙学文献整理本亦自不少，《丛编》力避已整理者。三则专收稿抄本，其书大都未梓行或印本已佚。本书的出版以浙江省内各机构所藏文献资源为主，同时面向海内外各文献收藏机构，广泛搜集、系统整理有关"浙学"的未刊稿抄本文献，按学术规范整理出版。目前，已完成第一辑 100 册的出版，收录 90 余家稿抄本 140 余种。**第一辑荣获全国古籍出版社年度百佳图书（2018）二等奖。**

国家图书馆出版社四十周年纪念

提名图书（33种）

序号	书名	著者	出版年
1	中国古籍装订修补技术	肖振棠、丁瑜编著	1980
2	中国当代社会科学家传记丛书	北京图书馆《文献》丛刊编辑部、吉林省图书馆学会会刊编辑部编	1982
3	诗渊（全六册）	（明）佚名编	1985
4	中国书史	郑如斯、肖东发编著	1987
5	中文工具书	朱天俊、李国新编著	1987
6	古抄本石头记汇编	（清）曹雪芹著	1987
7	齐白石印集（十函二十册）	齐白石篆刻	1988
8	中国历史文献学	杨燕起、高国抗主编	1989
9	古书版本学概论	李致忠著	1990
10	日本藏中国罕见地方志丛刊（全三十四册）	书目文献出版社编	1991
11	二十四史订补（全十五册）	徐蜀选编	1996
12	二十世纪中国著名学者传记丛书	戴逸主编	1998
13	文献分类法主题法导论	马张华、侯汉清编著	1999
14	中国历史文选（全三册）	刘乃和主编	1999
15	红楼梦概论	冯其庸、李广柏著	2002
16	亲历中国丛书	李国庆、郭又陵主编	2004
17	中国丛书知见录（全六册）	施廷镛编著，施锐、施展等整理	2005
18	中国文献编目规则（第二版）	国家图书馆编	2005
19	中国分类主题词表（第二版）	国家图书馆《中国图书馆分类法》编辑委员会编	2005
20	民国期刊资料分类汇编	晁岳佩、吴平等选编	2009
21	外文文献影印系列	中国博医会、中国教育会等编	2009

序号	书名	著者	出版年
22	信息检索教程	马文峰著	2009
23	清代军机处随手登记档（全一百八十册）	中国第一历史档案馆编	2013
24	淮海战役史料汇编（全九册）	淮海战役纪念馆编	2013
25	任继愈文集（全十册）	任继愈著	2014
26	楚辞文献丛刊（全八十册）	黄灵庚主编	2014
27	中国珍贵典籍史话丛书	国家图书馆编	2014
28	《民国文献类编》及续编	民国时期文献保护中心、中国社会科学院近代史研究所	2015
29	衢州文献集成（全二百册）	黄灵庚主编	2015
30	十竹斋藏书纪事笺	国家图书馆出版社编	2015
31	海外藏中文古籍书目	普林斯顿大学图书馆等编	2015
32	国图日历	国家图书馆出版社编	2016
33	梁启超：永远的少年	《梁启超：永远的少年》编委会编著	2018

國家圖書館出版社

国家图书馆出版社
四十周年纪念

我们的团队

庆祝北京图书馆开

3 周年（1982）

1982 年合影（一）

一排左起：

邹德孟　武再生　冯淑文　张幼莲　武焜　马志鑫　马同俨　陈翔华　刘　宣　毛华轩　杨　扬　陶尚义

二排左起：

白　勇　李　静　王新民　甄俊华　宋安莉　潘　汶　王雅琴　侯若菲　王　琦　解文琦　江　涛　王洪涛

刘卓英　叶明芬　贺乃贤

1982 年合影（二）

一排左起：

王静心　张淑琴　李　洋　刘明霞　钟开杰　郝瑞明　马志鑫　李曾珣　张蕴珊　钱义勇　齐士岬

二排左起：

赵俊华　孙桂珍　张志平　齐迎新　丁燕良　王树峰　孟凡江　刘殿学　郭燕奎　张国才　瞿　军

张祥甫　赵　仁

1982 年合影（三）

一排左起：

娄惠平　李　丽　王汉平　秦亚杰　王雪白　赵　乐　张金题　刘桂仁　赵书伦　马志鑫
王春林　潘秀玲　张月英

二排左起：

舒文芳　李　黛　武秀珍　谢　芳　李志华　李　毅　吴克庚　黄运南　于才千　卢胜杰　孙　刚

张　军　邝燕珂　李美蓉

三排左起：

阎　莉　吴邦文　董兆生　常　健　王乃莉　王　徽　李　英　吴师泽　刘　斌　王建明

15 周年（1994）

社领导

左起：李万健（常务副总编辑） 李　凭（社长兼总编辑） 叶明芬（副社长） 贺敬美（副总编辑）

图书馆学编辑室

左起：宋安莉　张木早　甄俊华　王燕来

文史编辑室

一排左起：杨春才　王　菡　贺乃贤　二排左起：熊　英　刘卓英　王新民　宋　沂

综合编辑室

左起：解文琦　晓　燕　孙　彦　殷梦霞　胡淑英　徐　蜀

《文献》杂志编辑部
左起：曹月堂　袁　俐　王雅琴　耿素丽　冯惠民

总编室
左起：红　焰　仝根先　卢玉荣　胡彦芝　李　璀　张志平

办公室

左起：王淑华　张玉凤　张　莉

出版科

左起：田 奇 赵莉薇 魏文峰 孟 锦 齐迎新 李 坚

发行科

一排左起：任 军 张继宗 孙 刚 马兆放

二排左起：赵秋慧 李美蓉 黄 萍 李 丽 陈 慧

财务科、行政科
一排左起：王洪涛　陈晓莉　胡小红
二排左起：舒　翰　王　伟　刘殿学
　　　　　于京兰

财务科
左起：于京兰　王洪涛　陈晓莉　舒　翰

一排左起：邓咏秋　吴伟哲　杜燕京　王　欢　刘　静　张　皎　李　丽　王　颖　刘金瑞
　　　　　许海燕　高　爽

二排左起：许春芳　胡小红　赵秋慧　孙　彦　贾贵荣　徐　蜀　郭又陵　姜　红　马兆放
　　　　　王　冠　赵莉薇

三排左起：罗　瑛　王　帅　廖生训　初小荣　金丽萍　张爱芳　黄　萍　史百艳　耿素丽　甄俊华
　　　　　陈晓莉　任　军　边　靖

四排左起：李　坚　李　强　毋　栋　隋　阳　陈　卓　陈　慧　孙照海　殷梦霞　杨大为　晓　燕
　　　　　王燕来　崔可欣　于　浩　王　伟　宋志英　杜　飞　赵　嫄　代　坤　于春媚　李　凯
　　　　　李莎莎　王　涛　梁俊轶　南江涛　田　奇　张永贵

35 周年（2014）

一排左起：毋　栋　　陈晓莉　　王　晓　　史百艳　　苗文叶　　杨桂清　　杨晓利　　潘　竹　　林　荣
　　　　　　杜燕京　　刘　静　　王　欢　　方自金　　贾贵荣　　殷梦霞　　孙雅婧　　薄　丽　　孙爱琳
　　　　　　李精一　　张慧霞　　程鲁洁　　邓咏秋　　徐成瑾　　侯沙沙　　刘金瑞　　边　靖　　霍文硕

二排左起：王　宇　　李奇明　　金丽萍　　孙　彦　　吕希然　　韩晓艳　　宋志英　　许海燕　　赵　嫄
　　　　　　张珂卿　　耿素丽　　陈　阳　　朱莉莉　　郝　蕾　　于春媚　　高　爽　　王亚宏　　王珍妮
　　　　　　景　晶　　靳　诺　　黄　萍　　常姣燕　　黄　静　　王　颖　　崔可欣　　甄俊华　　李　强
　　　　　　高博文　　杨大为　　张世俊

三排左起：贾　琦　　田　奇　　赵帮孝　　张永贵　　王　帅　　田连东　　刘祖烨　　王炳乾　　陈小普
　　　　　　李　凯　　李　坚　　陈　卓　　于　浩　　王　伟　　王燕来　　杜　飞　　代　坤　　南江涛
　　　　　　廖生训　　任　军　　梁俊轶　　张　顺　　李莎莎　　王　涛　　冯振建　　孙　涛

三排左起：薄　丽　　刘　阳　　张珂卿　　潘云侠　　潘肖蔷　　赵　嫄　　李精一　　程鲁洁　　孟颖俊
　　　　　王锦锦　　王　晓　　王亚宏　　刘金瑞　　王　哲　　刘奥林　　王　宇　　李铁群　　芦　璇
　　　　　王炳乾　　贾　琦　　司领超　　乔　爽　　王　欢　　韩晓艳　　陈　阳　　景　晶　　汤红霞
　　　　　霍　玮　　李丽雯　　高　妍　　潘　竹　　张慧霞　　王佳妍

四排左起：孙　涛　　霍文硕　　陈　卓　　李　强　　张　颀　　刘鑫伟　　李奇明　　徐晨光　　王若舟
　　　　　李金桥　　毋　栋　　郭鹤宇　　杜　飞　　刘效彤　　于　浩　　迟　凯　　靳志雄　　杨大为
　　　　　袁宏伟　　刘祖烨　　南江涛　　廖生训　　代　坤　　张永贵　　李　凯　　田连东　　赵帮孝
　　　　　杨清月　　隋　阳

国家图书馆出版社
四十周年纪念

40 周年部门合影

社领导

左起：葛艳聪（副社长）　魏　崇（社长）　殷梦霞（总编辑）

办公室（党群办公室）
一排左起：李　坚　王　伟
二排左起：金　丹　隋　阳　刘祖烨

总编室（审读室）
一排左起：王　欢　孙　彦　耿素丽　金丽萍
二排左起：司领超　杜燕京　高　妍　陈　阳

事业发展部（资产部）、财务部
一排左起：董　果　朱莉莉　王珍妮
二排左起：常姣燕　王　颖　刘金瑞　郭月霞

营销策划部
左起：代　坤　郭鹤宇　刘丽娜　边　靖

古籍编辑室

一排左起：王 衡 宋志英 张慧霞 李精一
二排左起：潘 竹 程鲁洁 苗文叶 李奇明 蔡轶莹
三排左起：刘娅楠 刘 倩 史百艳 南江涛
四排左起：潘云侠 王 哲

民国文献编辑室（档案编辑室）

一排左起：孙爱琳 王亚宏 吴伟哲 孟颖伎 郑小笛 梁 盼 王锦锦 薄 丽
二排左起：陈 卓 吕若萌 靳志雄 于 浩 王 晓 田 奇 郑 洁

重大项目编辑室（中华再造善本编辑室）

左起：袁宏伟　陈莹莹　张爱芳　魏　崇（社领导）　黄　静　王明义　王若舟

图书馆学编辑室

左起：王炳乾　张　顾　郝　蕾　张晴池　高　爽　黄　萍　唐　澈　邓咏秋

综合编辑室（古籍普查目录编辑室）

左起：赵 娜 黄 鑫 张珂卿 景 晶 王 雷 许海燕 王燕来 王佳妍 乔 爽 霍 玮

志鉴编辑室（《中华传统文化百部经典》编辑室）

一排左起：刘鑫伟 廖生训

二排左起：李 冰 于春媚 潘肖蔷

数字出版部

一排左起：单　珊　汤红霞　陈　伟　潘艳玲　安禹潼

二排左起：王泽华　霍文硕　李　强　王　涛　徐晨光

发行部

一排左起：任　军　陈晓莉　王　帅　张永贵　贾　琦　李丽雯　马东旭　刘奥林

二排左起：芦　璇　李莎莎　刘效彤　杜　飞　李　凯　田连东　迟　凯

储运部

一排左起：杨清月　赵帮孝　母　栋　李金桥　孙　涛
二排左起：李铁群　杨大为　王　宇　邢湘云

國家圖書館出版社

集体活动剪影

国家图书馆出版社
四十周年纪念

早年，参加北京图书馆艺术节

1996年，参加北京图书馆第三届艺术节

2006 年，参加国家图书馆第七届艺术节

2014 年，参加国家图书馆第十届艺术节

2005 年，参加国家图书馆"我为党旗增辉"主题歌咏比赛

国家图书馆出版社四十周年纪念

1994 年，举办新春图书优惠大展销

1998 年，参加书市

1999年，参加国家图书馆九十周年馆庆活动（观看升旗仪式）

早年，参观周恩来邓颖超纪念馆

2002 年，参加国家图书馆第六届员工运动会

2006 年，参加国家图书馆第七届员工运动会

2008 年，参加国家图书馆第八届员工运动会

2010 年，参加国家图书馆第九届员工运动会

2012 年，参加国家图书馆第十届员工运动会

2015 年，参加国家图书馆第十一届员工运动会

2019年，参加国家图书馆第十三届员工运动会

2019年，参加国家图书馆第十三届员工运动会

2004年，参加北京国际图书博览会

2004年，参观杭州富阳华宝斋

2004年，组织党员到延安参观

2005 年，参加第十五届全国图书交易博览会（天津）

2006 年，参加古籍出版社联合会组织举办的中国古籍出版社联合书展（台北）

2006年，党支部组织参观北京
焦庄户地道战遗址纪念馆

2007年，参加第三届海峡两岸
图书交易会（厦门）

2008年，参加第十八届全国图书
交易博览会（郑州）

2009年，工会组织
员工参观明十三陵

2010年，库房搬迁

2011年，参加第二十一届全国
图书交易博览会（哈尔滨）

2012年，参加北京地坛书市

2012年，参加第二十二届全国图书交易博览会（银川）

2012年，员工清扫办公楼前积雪

2013年，参加第二十三届全国图书交易博览会（海南）

2016 年 10 月，重阳节邀请离退休老干部回社座谈

2017 年，党支部组织参观"砥砺奋进的五年"大型成就展

2017 年年会《中华传统文化百部经典》获奖合影

2017 年年会诗朗诵表演

2017 年，团支部承办国家图书馆团委为贵州隆兴贫困学生捐赠衣物献爱心活动

2019 年，参加香港书展

2019年，参观"中华传统文化典籍保护传承大展"

2019年，工会组织参观北京世界园艺博览会

國家圖書館出版社

附录

历任领导一览

社　长

于　亮　（北京图书馆统一编目部主任 主持出版社工作）
　　　　1979.02–1979.03
马志鑫　（北京图书馆统一编目部副主任 主持出版社工作）
　　　　1979.03–1980.07
李志国　1980.07–1982.02
姚　炜　1982.02–1984.03
马志鑫　1984.03–1985.03
薛殿玺　1986.02–1990.01
李　凭　1991.09–1995.08
张彦博　1995.08–1998.04
曹鹤龙　1998.04–1999.02
郭又陵　1999.02–2011.12
方自金　2011.12–2017.05
魏　崇　2017.05–

总编辑

杨　讷　1986.05–1988.01
冯惠民　1988.06–1993.11
李　凭　1993.11–1995.11

曹鹤龙　　1995.11-1999.02
郭又陵　　1999.02-2007.04
徐　蜀　　2007.04-2012.04
贾贵荣　　2012.09-2016.12
殷梦霞　　2017.06-

副社长

马志鑫　　1980.07-1984.03
薛殿玺　　（代社长）

　　　　　　1984.10-1986.02
李　凭　　（代社长）

　　　　　　1991.03-1991.09
贺敬美　　1991.09-1993.11
叶明芬　　1993.11-1998.04
赵海明　　1998.04-2007.04
姜　红　　2008.01-2013.02
殷梦霞　　2013.05-2017.06
葛艳聪　　2017.06-

副总编辑

韩承铎　　1980.07-1986.08
李万健　　1988.03-1995.12
贺敬美　　1991.09-1995.05
徐　蜀　　1998.04-2007.04
王　菡　　1999.02-2000.12
贾贵荣　　2008.01-2012.09

历年获奖图书一览

国家科学技术进步奖

　　1985 年 10 月

　　《中国图书馆图书分类法（第二版）》　　一等奖

国家图书奖

　　第四届（1999 年 9 月）

　　《文渊阁四库全书补遗（集部）》　　提名奖

中国图书奖

　　第十三届（2002 年 12 月）

　　《中国国家图书馆碑帖精华》

中华优秀出版物奖

　　第三届（2010 年 12 月）

　　《第一批国家珍贵古籍名录图录》　　图书奖

　　第五届（2015 年 2 月）

　　《远东国际军事法庭庭审记录》　　图书奖

　　《远东国际军事法庭庭审记录索引、附录》　　图书奖

第六届（2016 年 12 月）

《文献为证：钓鱼岛图籍录》　图书提名奖

第七届（2019 年 12 月）

《中华传统文化百部经典·第一辑（10 册）》　图书奖

《国家图书馆藏样式雷图档·圆明园卷初编》　图书提名奖

中国民族图书奖

第五届（2001 年 12 月）

《中国蒙古文古籍总目》　二等奖

全国古籍整理图书奖

第二届（1999 年）

《文渊阁四库全书补遗（集部）》　一等奖

第三届（2001 年 8 月）

《北京图书馆藏珍本年谱丛刊》　二等奖

《国家图书馆藏琉球资料汇编》　二等奖

《中国国家图书馆古籍珍品图录》　二等奖

优秀古籍图书奖

2006 年

《中华再造善本》　荣誉奖

《中国丛书知见录》　一等奖

《华东师范大学图书馆藏稀见方志丛刊》　二等奖

《古籍珍稀版本知见录》　二等奖

《历代陶文研究资料选刊》　二等奖

《国家图书馆藏西夏文献中的汉文文献释录》　二等奖

《评书红楼梦》　普及读物奖

《禅趣小品》　普及读物奖

2007 年

《老子绎读》 一等奖

《陕西省图书馆藏稀见方志丛刊》 二等奖

《（未刊本）春秋地名考》 二等奖

《清代方略全书》 二等奖

《百喻经译注》 普及读物奖

2008 年

《国家图书馆藏明代大统历日汇编》 一等奖

《河洛墓刻拾零》 二等奖

《〈资治通鉴〉边少民族史料汇编》 二等奖

《三国演义：名家汇评本》 普及读物奖

2009 年

《脂砚斋重评石头记汇校汇评》 一等奖

《地方经籍志汇编》 二等奖

《第一批国家珍贵古籍名录图录》 二等奖

《康有为变法奏章辑考》 二等奖

《与古诗交朋友》 普及读物奖

《红楼梦：名家汇评本》 普及读物奖

2010 年

《赵凤昌藏札》 一等奖

《郑振铎藏古吴莲勺庐抄本戏曲百种》 二等奖

《清宫恭王府档案总汇：和珅秘档》 二等奖

《北京藏黄正甫刊本三国志传》 二等奖

《冀淑英古籍善本十五讲》 普及读物奖

全国优秀古籍图书奖

2011 年

《清文海》 一等奖

《地方志灾异资料丛刊·第一编》 二等奖

《自庄严堪善本书影》 二等奖

《国家图书馆藏钞稿本乾嘉名人别集丛刊》　二等奖

《史记十五讲》　普及读物奖

　2012 年

《上海图书馆藏稀见方志丛刊》　一等奖

《哈佛燕京图书馆藏齐如山小说戏曲文献汇刊》　二等奖

《首都图书馆古籍善本书目》　二等奖

《部级领导干部历史文化讲座·2010》　普及读物奖

　2013 年

《南京图书馆藏稀见方志丛刊》　一等奖

《吉林省档案馆藏清代档案史料选编》　二等奖

《历代文庙研究资料汇编》　二等奖

《国家图书馆藏清代档案文献汇编：第一辑》　二等奖

　2014 年

《清代军机处随手登记档》　一等奖

《中国古籍珍本丛刊·天津图书馆卷》　二等奖

《北京大学图书馆藏稀见方志丛刊》　二等奖

　2015 年

《楚辞文献丛刊》　一等奖

《北京大学图书馆藏程砚秋玉霜簃戏曲珍本丛刊》　二等奖

《第四批国家珍贵古籍名录图录》　二等奖

　2016 年

《清代家集丛刊》　一等奖

《文求堂书目》　二等奖

《西班牙藏中国古籍书录》　二等奖

《中国古籍珍本丛刊·广东省立中山图书馆卷》　二等奖

《上海图书馆藏珍本年谱丛刊》　二等奖

《〈史记〉史话》　普及读物奖

　2017 年

《国家图书馆藏样式雷图档·圆明园卷初编》　一等奖

《古本戏曲丛刊六集》　二等奖

《续藏书纪事诗》　二等奖

2018 年

《清代诗文集珍本丛刊》 一等奖

《历代赋学文献辑刊》 一等奖

《普林斯顿大学图书馆藏中文善本书目》 二等奖

《德国柏林民族学博物馆藏〈永乐大典〉》 二等奖

《国家图书馆藏样式雷图档·圆明园卷续编》 二等奖

《明清孤本戏曲选本丛刊·第一辑》 二等奖

《中华传统文化百部经典（首批 10 种）》 普及读物奖

全国古籍出版社年度百佳图书

2019 年

《浙学未刊稿丛编（第一辑）》 二等奖

《中国书院文献丛刊（第一辑）》 二等奖

《孔子博物馆藏孔府档案汇编：明代卷》 二等奖

《上海图书馆藏稿钞本日记丛刊》 二等奖

专项奖

中国图书馆学会图书馆学情报学科研（学术）成果奖

第一届（1990 年）

《图书分类学——图书分类理论与实践》 一等奖

《图书馆目录》 一等奖

《美国及世界其他地区图书馆事业》 一等奖

《图书分类》 一等奖

《图书馆学概论》 一等奖

《主题法的理论与标引》 一等奖

《文献交流引论》 一等奖

《新编图书馆目录》 一等奖

《图书馆建筑》 一等奖

《文献计量学引论》 一等奖

《英汉图书情报文献学词汇》 一等奖

《中文工具书》　　一等奖

《中国书史》　　一等奖

《情报检索与主题词表》　　一等奖

《图书馆现代化技术》　　一等奖

《计算机化图书馆系统引论》　　二等奖

《普通图书馆学》　　二等奖

《情报检索系统——特性、试验与评价》　　二等奖

《情报工作的组织与方法》　　二等奖

《列宁论图书馆事业》　　二等奖

《冒号分类法解说及类表》　　二等奖

《美国国会图书馆展望》　　二等奖

《西方图书馆史》　　二等奖

第二届（2004年）

《现代图书馆学理论》　　一等奖

《张琪玉情报语言学文集》　　一等奖

《书海听涛——图书馆散论》　　二等奖

《杜定友和中国图书馆学》　　二等奖

《20世纪图书馆学情报学》　　三等奖

《网络环境下的著作权与数字图书馆》　　三等奖

《信息资源编目》　　三等奖

《信息组织的分类法与主题法》　　三等奖

全国地方志成果

1993年

《河间县志》　　一等奖

《石城县志》　　二等奖

国家教委"情报学与文献学"

1995年

《新主题文献分类指南》　　二等奖

全国普通高等学校优秀教材

1996 年

《商业经济信息处理和检索》　　中青年奖

2002 年

《中国历史文选》　　一等奖

《文献分类法主题法导论》　　二等奖

全国十大文博考古最佳图书（全国文化遗产十佳图书）

2002 年 10 月

《中国国家图书馆碑帖精华》

2011 年 3 月

《谢辰生先生往来书札》

2018 年 5 月

《谢辰生先生往来书札续编》

中国书法兰亭奖

首届（2002 年 9 月）

《中国国家图书馆碑帖精华》　　编辑出版奖

中国高校人文社会科学研究优秀成果

第三届（2002 年）

《日本图书馆法律体系研究》　　二等奖

国家图书馆文津图书奖

2005 年 12 月

《百年冷暖——20 世纪中国知识分子生活状况》　　推荐图书

第六届（2010 年 12 月）

《亲子阅读》　　推荐图书

《哲人其萎　风范永存——任继愈先生追思录 》　　推荐图书

第十一届（2016 年 4 月）

《老子绎读》　年度特别推荐奖

第十三届（2018 年 4 月）

《中华传统文化百部经典（首批 10 种）》　获奖图书

文化部文化艺术科学优秀成果

第二届（2006 年 7 月）

《信息加工研究》　一等奖

《中国图书馆分类法（第四版）》　二等奖

《红学：1954》　三等奖

《特色图书馆论》　三等奖

全行业优秀畅销品种

2008 年

《你一生应诵读的 50 篇散文经典》

2009 年

《中国最美丽的词》

2011 年

《部级领导干部历史文化讲座——图文全本·艺术卷》

《领导干部历史文化讲座——文津演讲录图文本·艺术卷》

2012 年

《部级领导干部历史文化讲座——图文全本·资政卷》

《中国图书馆分类法（第五版）》

2013 年

《为政箴言》

国家新闻出版广电总局首届向全国推荐优秀古籍整理图书

2013 年 8 月

《中国历代年谱总录（增订本）》

引进版社科类优秀图书奖

2013 年

《一个传教士眼中的晚清社会》

2014 年

《古老的农夫 不朽的智慧——中国、朝鲜和日本的可持续农业考察记》

国家新闻出版广电总局首届向全国推荐中华优秀传统文化普及图书

2015 年 12 月

《老子绎读》

让文物活起来——全国文博单位文化创意产品联展

2016 年 6 月

《十竹斋藏书记事笺》 文博传承奖

首批"新闻出版产业示范项目"

2016 年 11 月

《珍贵古籍数字资源应用平台》

全国优秀科普作品

2017 年 12 月

《你看见我的蛋了吗》

中国图书馆史志优秀图书

第一届（2018 年 4 月）

《中国图书馆史》 特等奖

《宁夏图书馆志》 一等奖

《湖北省图书馆百年纪事》 一等奖

全国地方志优秀成果（年鉴类）评审活动

第五届（2018 年 9 月）

《赣州年鉴（2017）》 特等奖（地市级综合年鉴）

《江西年鉴（2017）》　一等奖（省级综合年鉴）

《惠山年鉴（2017）》　二等奖（县区级综合年鉴）

《信州年鉴（2017）》　二等奖（县区级综合年鉴）

第六届（2019年10月）

《赣州年鉴（2018）》　一等奖（地市级综合年鉴）

《江西年鉴（2018）》　三等奖（省级综合年鉴）

第六届年鉴编纂出版质量评比活动

2019年1月

《中国文化年鉴（2017）》　综合奖二等奖（中央级年鉴）；单项奖（中央级年鉴）：框架设计二等奖，条目编写二等奖，装帧设计一等奖，检索、编校质量和出版时效三等奖

《陆川年鉴（2017）》　综合奖一等奖（地方综合年鉴）；单项奖（地方综合年鉴）：框架设计二等奖，条目编写一等奖，装帧设计一等奖，检索、编校质量和出版时效二等奖

百部家庭教育指导读物

2019年11月

《不能错过的亲子阅读：0-4岁》

地区奖

河南省高等学校优秀教材奖

1987年

《古汉语简明读本》

北京市哲学社会科学优秀成果奖

第二届（1991年）

《诗源·诗美·诗法探幽——〈原诗〉评释》　二等奖

第十一届（2010年）

《中国马克思主义史学的理论成就》　一等奖

北京市社会科学院优秀科研成果奖

第二届（1991 年）

《诗源·诗美·诗法探幽——〈原诗〉评释》　　一等奖

河北省地方志成果

1993 年

《河间县志》　　一等奖

《任丘市志》　　三等奖

江西省地方志成果

1993 年

《石城县志》　　二等奖

河北省作家协会"十佳"优秀作品奖

2004 年 3 月

《百年冷暖——20 世纪中国知识分子生活状况》

福建省社会科学优秀成果奖

第七届（2007 年 12 月）

《图书馆与非物质文化遗产》　　二等奖

上海市中小学、幼儿园优秀图书评选活动

第十七届（2008 年 9 月）

《新编实用本草纲目》　　二等奖

《人体疾病信号自查手册》　　二等奖

《攒起历史的碎片》　　三等奖

第二十七届（2018 年 12 月）

《小漫画，大历史：从清末到民国》　　三等奖

中国首届青岛·东北亚版权创意精品展示交易会

2013 年 11 月

《鸿雪因缘图记》　创意金奖

上海图书奖

2014 年 5 月

《远东国际军事法庭庭审记录》

北京印刷质量大奖

2015 年 1 月

《翰墨流芳——国家图书馆馆藏精品大展图录》　提名奖
（数码印刷）

四川省社会科学优秀成果

第十七届（2017 年 3 月）

《重修四川通志稿（外一种）》　二等奖

衢州市哲学社会科学优秀成果

第十四届（2017 年 10 月）

《衢州古代著述考》　二等奖

浙江省哲学社会科学优秀成果

第十九届（2017 年 11 月）

《衢州文献集成·提要》　一等奖

广州国际文物博物馆版权博览会

第三届（2017 年 12 月）

《国图日历·2018·修身养德》　优秀文创产品传承奖

国家图书馆出版社四十周年纪念

江西省年鉴质量评比

第三届（2018 年 5 月）

《赣州年鉴》 一等奖

《信州年鉴》 一等奖

河北省社会科学优秀成果奖

第十六届（2018 年 9 月）

《津门诗钞》 二等奖

《国朝畿辅诗传》 三等奖

装帧设计奖

全国书籍装帧（设计）艺术展览

第四届（1995 年 11 月）

《印章边款艺术》 封面设计三等奖

《禅宗名著选编》 封面设计优秀奖

第五届（1999 年 4 月）

《文渊阁四库全书补遗（集部）》 封面设计三等奖

第六届（2004 年 12 月）

《墨印彩绘耕织图》 铜奖

《地方志人物传记资料丛刊系列》 优秀奖

《中国面具》 优秀奖

第九届（2018 年 10 月）

《中国古籍修复纸谱》 入围奖

中国设计艺术大展

首届（1998 年 9 月）

《北京图书馆藏珍本年谱丛刊》 装帧一等奖、全场优秀奖

香港设计师协会双年展

2002 年

《红楼梦烟标精华》　　金奖

中国最美的书

2007 年 1 月

《集成十年——纪念〈东方文化集成〉创办十周年专辑》

《旧墨记——世纪学人的墨迹与往事》

华文出版物艺术设计大赛

第二届（2014 年 3 月）

《雪域宝典——西藏自治区入选第一、二、三批国家珍贵古籍
名录古籍图录》　　优秀奖

《朱生豪译莎士比亚戏剧手稿》　　优秀奖

近年来承担国家重点项目一览

承担国家重点图书出版规划项目情况

序号	项目名称	入选规划
1	面向二十一世纪的中国图书情报工作网络化研究	"十五"国家重点图书出版规划
2	样式雷图资料汇编	"十五"国家重点图书出版规划
3	中华再造善本	"十五"国家重点图书出版规划
4	中国国家图书馆藏敦煌遗书	"十五"国家重点图书出版规划
5	中国版印图录	"十五"国家重点图书出版规划
6	清文海	"十五"国家重点图书出版规划
7	当代中国图书馆学研究文库	"十一五"国家重点图书出版规划
8	清宫恭王府档案总汇	"十一五"国家重点图书出版规划
9	古抄本石头记汇编	"十一五"国家重点图书出版规划
10	清文海	"十一五"国家重点图书出版规划
11	著名图书馆藏稀见方志丛刊	"十一五"国家重点图书出版规划
12	国家图书馆藏中国历代石刻拓本汇编（续）	"十一五"国家重点图书出版规划
13	丛书集成四编	"十一五"国家重点图书出版规划
14	中国版印图录	"十一五"国家重点图书出版规划
15	《续修四库全书总目提要》整理本	"十一五"国家重点图书出版规划

序号	项目名称	入选规划
16	地方专志丛刊	"十一五"国家重点图书出版规划
17	地方志灾异资料丛刊	"十一五"国家重点图书出版规划
18	明清赋役全书	"十一五"国家重点图书出版规划
19	国家图书馆藏抄稿本乾嘉名人别集丛刊	"十一五"国家重点图书出版规划
20	原国立北平图书馆甲库善本丛书	"十二五"国家重点图书出版规划
21	历代辑佚文献分类丛刊	"十二五"国家重点图书出版规划
22	鲁迅手稿全编	"十二五"国家重点图书出版规划
23	著名图书馆藏稀见书目丛刊	"十二五"国家重点图书出版规划
24	中国古籍珍本丛刊	"十二五"国家重点图书出版规划
25	回文集	"十二五"国家重点图书出版规划
26	历代文庙资料汇编	"十二五"国家重点图书出版规划
27	淮海战役史料汇编	"十二五"国家重点图书出版规划
28	东京审判庭审文献全纪录（英日对照）（与上海交通大学出版社联合承担）	"十二五"国家重点图书出版规划
29	东亚同文书院调查中国资料丛编：1910—1944	"十二五"国家重点图书出版规划
30	中国人民抗日战争纪念馆藏在日中国劳工档案	"十二五"国家重点图书出版规划
31	汉唐地理总志钩沉	"十二五"国家重点图书出版规划
32	中国图书馆史	"十三五"国家重点图书出版规划
33	中国京剧百部经典外译丛书	"十三五"国家重点图书出版规划
34	民国诗文集汇刊	"十三五"国家重点图书出版规划

序号	项目名称	入选规划
35	中国抗战戏剧文献丛刊	"十三五"国家重点图书出版规划
36	马克思主义在中国的传播资料汇编	"十三五"国家重点图书出版规划
37	中国共产党党报党刊史料丛编（1920—1949）	"十三五"国家重点图书出版规划
38	中华传统文化百部经典	"十三五"国家重点图书出版规划
39	中国远征军档案汇编	"十三五"国家重点图书出版规划
40	中国书院文献集成（与上海科学技术文献出版社联合承担）	"十三五"国家重点图书出版规划
41	中国版印图录	2011—2020年国家古籍整理出版规划
42	续修四库全书总目提要	2011—2020年国家古籍整理出版规划
43	回文集	2011—2020年国家古籍整理出版规划
44	国家珍贵古籍题跋丛刊	2011—2020年国家古籍整理出版规划
45	晚清小说期刊辑存	2011—2020年国家古籍整理出版规划
46	国家图书馆藏石鼓文资料汇编	2011—2020年国家古籍整理出版规划项目
47	复庄今乐府选全编	2011—2020年国家古籍整理出版规划
48	著名图书馆藏稀见书目书志丛刊	2011—2020年国家古籍整理出版规划
49	古本戏曲丛刊（六、七、八集）	2011—2020年国家古籍整理出版规划
50	古本戏曲丛刊十集	2011—2020年国家古籍整理出版规划
51	国家图书馆藏样式雷图档	2011—2020年国家古籍整理出版规划
52	周一良批注经典文献汇刊	2011—2020年国家古籍整理出版规划
53	中国历史人物传记资源数据库	2011—2020年国家古籍整理出版规划

序号	项目名称	入选规划
54	国家图书馆藏历代印谱辑存	2011—2020 年国家古籍整理出版规划
55	海外藏《永乐大典》仿真影印回归项目	2011—2020 年国家古籍整理出版规划
56	法国收藏中国石刻拓片目录	2011—2020 年国家古籍整理出版规划
57	李一氓藏《花间集》汇刊	2011—2020 年国家古籍整理出版规划
58	历代诗文集汇刊	2011—2020 年国家古籍整理出版规划
59	清代进士传录	2011—2020 年国家古籍整理出版规划
60	日本藏中文古籍总目	2011—2020 年国家古籍整理出版规划
61	和刻本中医古籍珍本丛刊	2011—2020 年国家古籍整理出版规划
62	大英图书馆藏中国古籍目录	2011—2020 年国家古籍整理出版规划
63	韩国藏中国古籍总目	2011—2020 年国家古籍整理出版规划
64	美国芝加哥大学图书馆藏中文古籍善本书志	2011—2020 年国家古籍整理出版规划
65	清代灾赈档案史料汇编	2011—2020 年国家古籍整理出版规划
66	东京审判出版工程第四期（与上海交通大学出版社联合承担）	2011—2020 年国家古籍整理出版规划

承担国家古籍整理出版专项经费资助项目情况

序号	项目名称	立项时间
1	地方志人物传记资料丛刊·西北卷	2001
2	地方志人物传记资料丛刊·东北卷	2001
3	自庄严堪善本书影	2001
4	中国国家图书馆碑帖精华	2001
5	脂砚斋重评石头记（己卯本）	2001
6	国家图书馆馆藏古籍题跋丛刊	2002
7	国家图书馆善本特藏精品图录·甲骨卷	2002
8	北京图书馆藏家谱丛刊·民族卷	2002
9	地方志人物传记资料丛刊·华北卷	2002
10	地方志人物传记资料丛刊·华东卷·上编	2002
11	永乐大典	2002
12	中国丛书综录续编	2003
13	中国丛书题识	2003
14	中国古籍修复与装裱技术图解	2003
15	内蒙古自治区线装古籍联合目录	2003
16	九通拾补	2004
17	国家图书馆藏敦煌遗书	2004
18	（未刊本）春秋地名考	2005
19	明清遗书五种	2005
20	中国丛书知见录	2005
21	陕西省图书馆藏稀见方志丛刊	2006
22	国家图书馆藏明代大统历日汇编	2006
23	清代方略全书	2006
24	清文海	2007
25	北京师范大学图书馆藏稀见方志丛刊	2007
26	国家图书馆敦煌研究资料丛刊（第一辑）	2007
27	康有为变法奏章辑考	2007

序号	项目名称	立项时间
28	地方经籍志汇编	2007
29	郑振铎藏古吴莲勺庐抄本戏曲百种	2008
30	赵凤昌藏札	2008
31	国家图书馆藏抄稿本乾嘉名人别集丛刊	2008
32	福建师范大学藏稀见方志丛刊	2008
33	地方志灾异资料丛刊·第一编	2009
34	楚辞文献丛刊	2009
35	明清赋役全书·第一编	2009
36	康·安·斯卡奇科夫所藏汉籍写本和地图题录	2009
37	清代私家藏书目录题跋丛刊	2009
38	吉林省档案馆藏清代档案史料选编	2010
39	大连图书馆藏清代内务府档案	2010
40	《册府元龟》唐史资料辑录	2011
41	国家图书馆藏清代档案文献汇编·第一辑	2011
42	哈佛燕京图书馆藏齐如山小说戏曲文献汇刊	2011
43	浙江省古籍善本联合目录	2011
44	首都图书馆善本书目	2011
45	回文集	2012
46	历代文庙研究资料汇编	2012
47	中国古籍珍本丛刊·天津图书馆卷	2012
48	南京图书馆藏稀见方志丛刊	2012
49	北京大学图书馆藏程砚秋玉霜簃戏曲珍本丛刊	2012
50	周叔弢批校古籍丛刊	2012
51	古本戏曲丛刊（第六集）	2013
52	国家图书馆藏石鼓文资料汇编	2013
53	文求堂书目	2014
54	澳大利亚藏太平天国原刻官书丛刊	2014
55	普林斯顿大学东亚图书馆藏永乐大典	2014
56	清代家集丛刊	2015

序号	项目名称	立项时间
57	国家图书馆藏样式雷图档·圆明园卷初编	2015
58	美国汉庭顿图书馆藏《永乐大典》	2015
59	普林斯顿大学图书馆藏中文善本书目	2015
60	西班牙藏中国古籍书录	2015
61	历代赋学文献辑刊	2016
62	地方志人物传记资料丛刊·华中卷	2016
63	上海图书馆藏稿抄本日记丛刊	2016
64	明清孤本戏曲选本丛刊	2016
65	中国国家博物馆藏稀见方志丛刊	2016
66	增订中国地方志联合目录	2016
67	英国阿伯丁大学图书馆藏永乐大典	2016
68	德国柏林民族学博物馆藏永乐大典	2017
69	古本戏曲丛刊七集	2017
70	国家图书馆藏样式雷图档·圆明园卷续编	2017
71	清代家集丛刊续编	2017
72	汉魏六朝集部珍本丛刊	2018
73	国家图书馆藏样式雷图档·颐和园卷	2018
74	孙诒让稿本汇编	2018
75	清代进士传录	2018
76	上海图书馆藏珍本年谱丛刊续编	2018
77	清华大学图书馆藏稿抄本日记丛刊	2018
78	大英图书馆藏中国古籍目录	2018
79	上海图书馆藏涉园稿抄校本丛书	2018
80	清代诗话珍本丛刊（第一辑）	2019
81	古本戏曲丛刊八集	2019
82	近代史研究所藏稿抄本日记丛刊	2019
83	国家图书馆藏样式雷图档·清西陵卷	2019
84	国家图书馆藏样式雷图档·香山玉泉山卷	2019
85	爱尔兰切斯特·比蒂图书馆藏永乐大典	2019
86	哈佛燕京图书馆藏稀见书目书志丛刊	2019

承担国家出版基金项目情况

序号	项目名称	立项时间
1	原国立北平图书馆甲库善本丛书	2010
2	淮海战役史料汇编	2013
3	远东国际军事法庭庭审记录 （与上海交通大学出版社联合承担）	2013
4	任继愈文集	2014
5	远东国际军事法庭证据文献集成 （与上海交通大学出版社联合承担）	2014
6	抗日战争史料丛编：第一辑	2015
7	中国人民抗日战争纪念馆藏日本强掳中国赴日劳工档案汇编	2015
8	中华大典·艺术典·音乐分典	2015
9	国际检察局讯问记录 （与上海交通大学出版社联合承担）	2015
10	东亚同文书院中国调查手稿丛刊	2016
11	抗日战争史料丛编：第二辑	2016
12	汉唐地理总志钩沉	2016
13	中国社会科学院近代史研究所藏"满铁剪报"类编 （第一、二辑）	2017
14	清代诗文集珍本丛刊	2017
15	图书馆情报学概论	2017
16	东亚同文书院中国调查手稿丛刊续编	2018
17	中国历史编纂学史	2018
18	中国京剧百部经典外译系列（第五辑、第六辑典藏版）	2018
19	近代日本对华调查档案资料丛刊（第一辑）	2019
20	浙学未刊稿丛编（第一、二辑）	2019
21	国家珍贵古籍题跋丛刊	2019
22	中国珍稀印谱原典大系（第一编） （与西泠印社出版社联合承担）	2019
23	中国对日战犯审判文献集成 （与上海交通大学出版社联合承担）	2019

承担国家社科基金后期资助项目情况

序号	批准号	项目名称	承担时间
1	13FTQ003	基于语义 Web 的知识处理方法研究	2014
2	13FTQ004	政府信息公开公众满意度测评与管理创新研究	2015
3	09FTQ005	数字资源长期保存技术的研究与实践	2015
4	14FTQ004	协同信息检索行为研究	2015
5	13FTQ002	新中国古籍影印丛书总目	2015
6	13FTQ006	图像语义信息可视化交互研究	2015
7	14FTQ003	中国图书馆史	2016
8	13FTQ001	知识学研究	2017
9	16FWW002	纳博科夫文艺理论与当代西方文论	2017
10	16FXW007	互联网时代媒体平台经济发展的理论与实践	2017
11	17FXW003	传播侵权研究	2018
12	16FXW009	互联网时代的影像新闻研究	2018
13	16FXW003	颠覆与重构：危机沟通新论	2018
14	16FXW006	中国近代书刊形态变迁研究	2018
15	17FTQ003	技术进步与版权制度变迁	2019
16	16FTQ003	"17 年"图书馆事业与学术思想史研究	2019

承担数字出版类国家重点项目情况

序号	项目名称	项目类型	立项时间
1	珍贵古籍数字资源应用平台	中央文化产业发展专项资金项目	2012
2	国家图书馆出版社协同编辑及复合出版示范工程	中央文化产业发展专项资金项目	2013
3	抗战及近代中日关系资源服务平台	中央文化产业发展专项资金项目	2014
4	中国传统文化图典资源库	中央文化产业发展专项资金项目	2015
5	国家古籍资源数据库建设及成果转化创新工程	中央文化产业发展专项资金项目	2016
6	地方历史文献数字出版资源整合与平台建设	中央文化产业发展专项资金项目	2017
7	国家图书馆藏清代样式雷图档——中国传统建筑图档复合应用平台	中央文化产业发展专项资金项目	2018
8	中国历史人物资源服务平台	中央文化企业国有资本经营预算支出项目	2013
9	古籍数字出版基地	中央文化企业国有资本经营预算支出项目	2014
10	特殊历史文献数字出版管理系统及其应用	中央文化企业国有资本经营预算支出项目	2014
11	历史文献综合服务系统	中央文化企业国有资本经营预算支出项目	2015
12	民国档案资源平台	中央文化企业国有资本经营预算支出项目	2016
13	珍贵古籍的全面整理与开发	中央文化企业国有资本经营预算支出项目	2017
14	珍贵古籍的全面整理与开发	中央文化企业国有资本经营预算支出项目	2018
15	珍贵古籍的全面整理与开发	中央文化企业国有资本经营预算支出项目	2019
16	中国传统音乐资源挖掘与数字化（"网络音乐集成制播关键技术研究与应用示范"子课题）	国家科技支撑计划课题	2013
17	基于云计算的古籍数据库建库技术研究	国家文化创新工程项目	2013
18	古籍修复知识网络系统	国家文化创新工程项目	2014

國家圖書館出版社

后记

国家图书馆出版社
四十周年纪念

回首与展望

国家图书馆出版社社长　魏崇

岁尾，喜讯传来，《中华传统文化百部经典·第一辑（10 册）》《国家图书馆藏样式雷图档·圆明园卷初编》双双入选第七届中华优秀出版物奖获奖名单，这是国家图书馆出版社建社 40 周年的最好贺礼。

国家图书馆出版社成立于改革开放之初，四十年来见证和参与了国家改革开放的巨大发展和取得的辉煌成就，与国家文化事业、出版事业以及国家图书馆事业同进步、同发展。以近十年业务数据看，年度出书品种由 194 种增加到 359 种，年度出书册数由 831 册增加到 5879 册，发货码洋由 7371 万元增加到 2.78 亿元，数字出版从无到有，实现年度收入 1500 万元，这些都远高于出版全行业增幅。伴随着这些业务数据快速增长，四十年来，国家图书馆出版社一步步从一个小社成长为具有一定行业和社会影响力的专业出版社，离不开各级领导、各位专家和文献存藏机构的支持，更离不开出版社一代代员工的集体智慧和敬业奉献。

回首四十年的发展，我们重点做好了几个坚持：

始终坚持正确方向。坚持紧扣时代发展主题，把出版社事业发展融入国家战略和国家各项事业发展中去，与时代同行，把握时代脉搏，实现自身价值，与国家、社会、行业同发展、同进步。

始终坚持不忘初心，立足国家图书馆，依托和服务于图书馆行业。近年来依托国家图书馆牵头的"中华古籍保护计划"等重点文化工程，承担了《全国古籍普查登记目录》等重要出版任务，目前累计出版中华古籍保护计划成果近300种，革命文献和民国时期文献保护计划成果100余种，6700余册，图书馆行业影响力逐步提升。

始终坚持项目带动，承担重大出版工程、重点出版项目，带动全社整体事业发展。新世纪以来，《中华再造善本》《中华传统文化百部经典》《国家图书馆藏敦煌遗书》《原国立北平图书馆甲库善本丛书》《国家图书馆藏样式雷图档》《古本戏曲丛刊（六、七、八集）》等重大项目，带动了事业快速发展、锻炼了人才队伍、提升了出版社影响力，实现了社会效益经济效益双丰收。近十年来，我们承担的"十三五"国家重点图书出版规划项目、国家出版基金项目、国家古籍整理出版资助项目数量均居图书出版单位前列。

始终坚持与海内外各类存藏机构开展广泛合作，在推进中华文化走出去与海外中华古籍整理出版方面有所作为。近年以来，我们广泛拓展与北美、欧洲、日韩等海外存藏机构合作，"海外藏《永乐大典》仿真影印回归项目""海外中华古籍珍本丛刊""海外中华古籍书志书目丛刊"成果丰硕。在图书走出去方面，海外馆藏影响力持续入选国内图书出版单位第一梯队。

始终坚持依托专家学者力量作为学术支撑。在文献整理特别是专题文献整理方面，充分依托一流专家学者学术整理和研究成果，在选题策划、审稿等环节充分发挥专家优势，提升文献整理水平和出版学术品质。

始终坚持改革与创新。深化改革、创新发展，研究新趋势、发展新业态。结合自身优势推进数字出版，整合建设"中国历史文献总库"。其中，"民国图书数据库"完成五期建设，实现全文检索，收录文献 20 万种，3500 万页，资源量业界遥遥领先；"近代报纸数据库"完成三期建设，收录近代报纸 300 余种，110 余万版，为学术研究助力。

同时，也要看到新时代是出版行业新的重要转型期，面临新环境、新形势、新要求、新挑战，数字出版、全面阅读、出版发行都面临新的形势要求，文献类图书学者利用方式和图书馆购藏方式也有新的变化，我们的人才储备、技术储备与新时代要求相比还存差距，在高水平学术著作和古籍深度整理开发、普及读物上尚有改进空间，这些需要我们勇于开拓，创新发展。

展望未来，我们的目标是通过持续努力，建设特色鲜明的一流专业出版机构。当前和今后一个时期，我们要着重做好以下几个方面工作：把坚持和完善党的领导作为首要政治任务，牢固树立正确政治方向，落实意识形态责任，坚守红线底线；坚持把社会效益放在首位、推动实现社会效益和经济效益相统一；坚持"传承文明、服务学术"，不忘初心，守正创新，坚持出版特色，做优做强优势出版领域；提升学术品质，做学者与文献的桥梁，坚持质量为先，提升选题质量，坚守编校、印装底线、红线；深入挖掘典籍内涵，在中华文化创造性转化和创新性发展上有所作为，践行"让古籍里的文字活起来"，着力做好古籍整理和经典普及，服务当代，服务社会；坚持人才立社，加强编辑、数字出版和发行人才培养，激发队伍潜能，健全管理制度，优化服务保障措施，以人为本、岗位成才，提升编辑学术修养和业务能力，使人才队伍数量和质量双提升，为事业发展提供坚强保障。

"一代人做一代人的事"，新时代赋予我们新的使命，我们唯有倍加努力、开拓进取，才能不负信任、不负重托、不负时代，为更好地传承发展中华优秀传统文化做出我们当代人的贡献。

2019 年 12 月

图书在版编目（CIP）数据

稽古振今 传本弘文：国家图书馆出版社四十周年纪念 / 国家图书馆出版社编 . 一北京：
国家图书馆出版社，2019.12

ISBN 978-7-5013-6917-1

Ⅰ . ①稽… Ⅱ . ①国… Ⅲ . ①国家图书馆出版社 – 史料 – 中国 Ⅳ . ①G239.22

中国版本图书馆CIP数据核字（2019）第283775号

书　　名	**稽古振今 传本弘文——国家图书馆出版社四十周年纪念**
著　　者	国家图书馆出版社 编
责任编辑	王 欢 耿素丽
特约审稿	孙 彦 金丽萍
装帧设计	文化·邱特聪

出版发行 国家图书馆出版社（100034 北京市西城区文津街 7 号）
　　　　　（原书目文献出版社 北京图书馆出版社）
　　　　　010-66114536 63802249 nlcpress@nlc.cn（邮购）

网　　址	www.nlcpress.com →投稿中心
印　　装	北京科信印刷有限公司
版次印次	2019 年 12 月第 1 版 2019 年 12 月第 1 次印刷

开　　本	787×1092（毫米）1 / 16
印　　张	17.25
字　　数	130 千字
书　　号	ISBN 978-7-5013-6917-1
定　　价	118.00 元